Einaudi Tascabili. Saggi
755

Dello stesso autore nel catalogo Einaudi:

Lo stile semplice

In controtempo

Enrico Testa

Montale

Einaudi

www.einaudi.it

ISBN 88-06-15599-7

Montale

Capitolo primo
Genova, il paesaggio e *Ossi di seppia*

«Quando io venni al mondo Genova era una delle piú belle e tipiche città italiane. Aveva un centro storico ben conservato e tale da conferirle un posto di privilegio tra le *villes d'art* del mondo; una circonvallazione piú moderna dalla quale il mare dei tetti grigi d'ardesia lasciava allo scoperto incomparabili giardini pensili; e a partire dalla regale via del centro una ragnatela di caruggi che giungeva fino al porto». Con queste parole Montale ricorda, in un testo del '68, la Genova tra fine '800 e inizio '900. In questa città «fatta a chiocciola [...] alveare di scagni, di uffici commerciali» Eugenio Montale nasce, al n. 5 di Corso Dogali, il 12 ottobre 1896. La sua è una famiglia agiata e borghese: il padre, Domenico, nativo di Monterosso, è contitolare di una ditta che tratta l'importazione di acqua ragia e prodotti chimici; la madre, Giuseppina Ricci, appartiene a una famiglia di notai: «Eravamo una famiglia numerosa, i miei fratelli andavano nello scagno, l'unica mia sorella frequentò l'università, per me non era il caso di parlarne. In molte famiglie esisteva il tacito accordo che il cadetto fosse dispensato dal tenere alto il buon nome della famiglia». I primi anni sono scanditi dalle vacanze estive trascorse a Monterosso, in una villa che il padre ha costruito con due cugini, e dalle tappe della vita scolastica: dopo le elementari, frequenta l'Istituto Vittorino da Feltre, diretto dai Padri

Barnabiti; respinto agli esami, nel 1910-11 ripete la Terza Tecnica; nell'11 si iscrive all'Istituto Tecnico Vittorio Emanuele, dove, quattro anni dopo, si licenzia ragioniere.

Mentre i fratelli maggiori sono al fronte, lavora nell'ufficio (lo «scagno») della ditta del padre. Ma la sua vera passione è il canto («speravo di diventare un cantante» scrive nel ricordo del '68): a partire dal '15 prende lezioni di canto dal baritono Ernesto Sivori, che, nonostante varie e lunghe interruzioni, dureranno sino alla morte del maestro nel '23. Alle lezioni con Ernesto Sivori e alla sua morte dedicherà una breve prosa (*In chiave di "fa"*), apparsa sul «Corriere d'Informazione» del 17 aprile 1946: «il vecchio maestro era [...] piccolo, rattrappito sui tasti, venerabile e insieme ridicolo, modulava le note con una boccuccia a uovo di piccione che s'apriva a stento tra le gronde dei grandi baffi canuti e le falde tremolanti della nivea barba mosaica. Gorgheggiava come un usignuolo centenario e gli occhietti gli brillavano dietro le lenti spesse». La prosa, oltre a certificare il momento in cui «il diavolo [...] venne a metterci la coda» con la morte del maestro e la fine dell'«incanto» operistico, ci informa pure sulle giornate del giovane Montale: finite le lezioni, che «cominciavano molto presto, alle otto e mezzo del mattino [...] poco dopo le nove entravo già nella biblioteca comunale, semideserta a quell'ora. Non c'era molta scelta di libri e il distributore non ammetteva di essere disturbato. Ma in uno scaffale sempre aperto trovai pascolo per parecchi mesi».

È un periodo di intense e svariate letture, di cui è rimasta testimonianza in un diario che, tenuto tra il febbraio e l'agosto 1917, è stato poi pubblicato, col titolo di *Quaderno genovese*, nel 1983 da Laura Barile. Il giovane poeta (a un anno prima risale la composizione di *Meriggiare pallido e assorto*, la prima poesia percepita come intimamente "sua") annota le sue impressioni di lettura, registra e giudica gli spettacoli a cui assiste, dà espressione alla sua ansia e alla sua ricerca intellettuale. Dalle pagine del diario emerge l'interesse per la poesia francese (Baudelaire e Rimbaud, in particolare); per Palazzeschi, Soffici e Govoni; per la musica di Debussy, che, definita «piena di sconnessione, di colori e di metri», «rimane impressa come in un incubo». Nel quadro della polemica, aspra e giovanile, con i miti borghesi e il loro "buon senso" risaltano alcune tendenze che saranno poi caratteristiche della sua opera futura, come la ricerca del «prodigio» («Prodigio: incontrarsi in altrui frugando in sé stessi») o il riscatto dell'esistenza attraverso la letteratura. Sul piano psicologico prevalgono il senso dell'inettitudine e la minaccia del fallimento: «Se nella mia vita non scocca – e presto – una scintilla, io sono un *uomo finito*. Ma quale scintilla?» Il sentimento della frustrazione e la coscienza del rischio dell'apatia non sono però mai disgiunti da un'orgogliosa rivendicazione della propria specificità («Io vivo quanto piú mi distinguo dagli altri») e da un tono deciso nei giudizi e nelle scelte.

Quanto s'affaccia qui, in questa prima fase formativa della sua personalità, è uno strano incontro di insicurezza e forza, di timore verso il mondo e di determinazione interiore. È un atteggiarsi verso la vita e se stessi non lontano da quello che Montale, sempre nel ricordo del '68, ritiene tipico del «vero genovese» e descrivibile soltanto con un termine dialettale: «Il vero genovese era *stùndàiu* (la parola non è sdrucciola e occorre un forte accento sulla prima u), e quindi poco sociale [...] Stundaiu è un misto di orgoglio, di timidezza, di diffidenza, una pratica quotidiana del mugugnu, un certo complesso di inferiorità bilanciato dal senso di una specifica superiorità nell'ordine dei valori morali». Se al centro di questa caratterizzazione si pone un sentimento di inadeguatezza e insofferenza verso il reale sempre sul punto di tramutarsi in distacco e, talvolta, in sarcasmo nei confronti dei viventi, si ha forse una sorta di sigla o di anticipato resoconto di numerosi tratti umani, ma anche critici e poetici, del Montale di là da venire. Ma negli anni del *Quaderno genovese* tutto ciò ha piú il vago aspetto del presentimento che il richiamo del destino o del carattere: «io stesso non sapevo molto di me» dirà a cinquant'anni di distanza. In questa fase, in cui esplora le sue «probabilità» ed è preda della «mania» della lettura («Leggevo molti libri, tutti i libri disponibili alla Biblioteca comunale»), frequenta Mario Bonzi, suo coetaneo, scrittore simbolista e collaboratore della «Riviera Ligure» (una delle maggiori riviste letterarie del tempo). La sua figura ritorna in un'intervista della vecchiaia, dove, ripercorrendo i lontani anni genovesi, ne ricorda l'amicizia e la frequentazione: a «Mario Bonzi [...] devo molto. Divenne poi specialista dell'arte genovese del '600, scrittore prezioso molto stimato da Longhi».

Il personaggio piú importante per la formazione e la crescita del ventenne Montale è però la sorella Marianna, con cui ha un forte legame culturale e affettivo. A lei, figura dalla sensibilità religiosa inquieta e moderna e dai ricchi interessi filosofici, si devono alcuni dei ritratti piú intensi del giovane poeta, consegnati al diario o a lettere ad amiche. Eccone un esempio, tratto da una lettera inviata all'amica Ida Zambaldi alla fine del settembre 1917:

> Eugenio! Ma io credo che una Mamma non potrebbe adorarlo di piú! Perché? Non lo so – ma una vita tanto piú complessa che negli altri è in lui, un'intelligenza cosí pensosa e sveglia, una tempra cosí nobile e retta! E poi la sua sensibilità malinconica,

la sua affettuosità tutto quello che costituisce il suo *io*. Come si può dire? *Vive* assai piú degli altri e perciò ha preso assai piú posto degli altri nella mia vita.

Quando la sorella scrive questa lettera, il giovane Eugenio è da poco stato arruolato nel 230° Fanteria di stanza a Novara, da dove passa, in ottobre, alla Scuola di Fanteria di Parma per frequentare il corso d'allievi ufficiali. Da qui invia affettuose lettere a Marianna. La lontananza, gli imminenti pericoli del fronte e le difficoltà del momento spingono a dar libero corso ai sentimenti per la sorella («Finché ero a casa non avrei mai immaginato che tu rappresentassi tanto per me. Ora invece [...] non faccio che pensare a te; tu sei diventata il centro dei miei pensieri. Come chi dicesse la mia ragione di vivere») e ad approfondire la sua riflessione sul reale secondo termini che rimarranno sostanzialmente immutati sino alla vecchiaia: «Io sono un amico dell'invisibile e non faccio conto che di ciò che si fa sentire e non si mostra; e non credo e non posso credere a tutto quello che si tocca e che si vede».

A Parma stringe amicizia col poeta futurista Francesco Meriano, con cui resterà in contatto fino al '22, e soprattutto con Sergio Solmi, di tre anni piú giovane e destinato a diventare, oltre che raffinato poeta e traduttore, uno dei maggiori critici e saggisti del Novecento. Solmi sarà tra i primi e piú convinti estimatori della poesia di Eugenio, suo interlocutore per molti anni e, infine, oggetto di un appassionato elogio apparso sul «Corriere della Sera» il 16 dicembre 1969: «Se è un dono la chiaroveggenza, il vedere prima degli altri e meglio degli altri ciò che si nasconde nelle molte nebulose che ci hanno oscurato lo sguardo, possiamo dire che Solmi abbia avuto questo dono fin dai suoi primi anni».

Nel gennaio del '18 Montale è assegnato come allievo ufficiale al 58° Fanteria, Brigata Liguria. Si offre volontario a Schio ed è inviato al fronte in Vallarsa, nel Trentino, dove gli viene affidato il comando di un avamposto presso il paese di Valmorbia. «Ero un pessimo ufficiale di fanteria – dirà piú tardi – immerso in fatti e cose piú grandi di me. Inabile ai piú elementari esercizi fisici, se avessi marcato visita sarei tornato certamente a casa; ma in quel tempo pareva indecorosa ogni forma di imboscamento». Alla fine della guerra viene trasferito in Val Pusteria e infine al Deposito di Genova. Da qui, il 4 agosto del '19, scrive all'amico Francesco Meriano: «faccio il travet in un ufficio militare e leggo molto per conto mio: strambissime cose per lo piú. Ogni tanto scribacchio, ma sono proprio della triste categoria degli incontentabili».

Nuove conoscenze, che si riveleranno col tempo decisive per la sua formazione di uomo e di scrittore; contatti col mondo letterario e artistico; e le prime pubblicazioni di poesie in riviste fanno degli anni successivi un periodo particolarmente importante della storia di Montale. Frequenta lo scultore Francesco Messina, i poeti liguri Angelo Barile e Adriano Grande (a cui dedicherà la prima edizione degli *Ossi di seppia*). Nel '20, durante le vacanze estive a Monterosso, conosce Anna Degli Uberti, la cui famiglia trascorre la villeggiatura nella villa accanto a quella dei Montale (una consuetudine che durerà fino al '23). La ragazza, all'epoca sedicenne, è, insieme alla sorella piú grande, compagna di conversazioni e di gite sulle "fasce" di Monterosso. Con i nomi di Arletta, Annetta e Capinera diventerà uno dei personaggi piú importanti (forse il personaggio per eccellenza) della poesia di Montale. Con una singolare specificità, che mostra quanto la letteratura possa essere sottilmente crudele nei riguardi della vita: anche se vivrà fino al 1959, fu infatti «considerata morta dal poeta dopo che il distacco da lei divenne definitivo» (Isella).

Il 10 novembre del 1920 appare su «L'Azione» di Genova il primo articolo che porta la sua firma: una recensione a *Trucioli* di Camillo Sbarbaro, di cui individua «il centro dell'ispirazione» nell'«amore del "resto", dello "scarto"», nella «poesia degli uomini falliti e delle cose irrimediabilmente oscure e mancate: bolle di sapone, *épaves*, trascurabili apparenze, arsi paesaggi, strade fuori mano...» Di Sbarbaro, componente fondamentale della sua prima poesia e dedicatario di due testi degli *Ossi di seppia*, Montale conservò sempre una certa stima, che non si tradusse però mai in ammirazione o in sincera amicizia. Nell'articolo scritto in occasione della sua morte (sul «Corriere della Sera» del 5 novembre 1967), ne elogia «il senso della dignità quotidiana, della decenza», ne traccia un veloce ritratto («un giovane di corta statura, piuttosto rubicondo» che «abitava in via Montaldo, sulla discesa che porta al cimitero di Staglieno, e poteva dirsi un collezionista di funerali. Appresi dopo ch'egli raccoglieva invece muschi e licheni»); e consente al lettore di gettare uno sguardo sulla vita e le amicizie genovesi di questo periodo:

> Tra l'anno x del nostro primo incontro e l'anno 1928 che segnò il mio exit da Genova ho passato ore e ore con Sbarbaro moltissime volte, non solo in Galleria ma anche presso comuni amici: Lucia Rodocanachi ad Arenzano, Angelo Barile un po' dovunque (il poeta di *Primasera* era molto piú elegante di Camillo e tentava allora iniziative commerciali in un ufficio di piazza San Lorenzo, poi tornò ad Albisola Capo per dedicarsi all'industria tradizionale della sua famiglia). Non di rado si univa a noi Adriano Grande, allora guardiano notturno in una fabbrica. Dopo il '28 ci vedemmo in rari casi.

Il '22 è l'anno delle prime pubblicazioni poetiche: alcuni suoi testi appaiono, grazie alla mediazione di Solmi, sulla rivista torinese «Primo Tempo», diretta da Giacomo Debenedetti. Alternando, come sarà poi suo costume, poesia a critica letteraria, nel '23 pubblica, sulla stessa rivista, un saggio su Emilio Cecchi. Già affermato uomo di cultura, critico e anglista, Cecchi sarà un riferimento importante per Montale e influirà sia sulla sua prosa che sulla sua riflessione sulla letteratura. Le prime collaborazioni a giornali e riviste e l'esordio poetico non consentono però a Montale, che ha nel frattempo interrotto lo studio del canto, di sottrarsi alla ricerca di un impiego. Il 16 luglio 1923 scrive a Solmi: «Questo settembre mi cercherò un impiego a Genova (probabilmente in qualche banca), sperando di non restarci tutta la vita. Non so se resisterò a una vitaccia del genere, posso anzi dubitarne; quel che non posso piú fare decorosamente è rimanere disoccupato. In sostanza continuo a camminare in filo di rasoio: né letterato né uomo pratico». In inverno conosce e diviene amico di chi proprio del «camminare in filo di rasoio» farà uno stile di vita: Roberto (Bobi) Bazlen che si trova a Genova per lavorare in una ditta d'importazioni. Ventiduenne triestino, divoratore di libri, scanzonato e ironico, del tutto inadatto alle mansioni della vita pratica, è il protagonista di uno degli incontri piú importanti dell'esistenza del poeta: gli dà il soprannome di Eusebio, tratto da un personaggio di Schumann; sarà mediatore di "occasioni" poetiche e di figure femminili della sua scrittura e, soprattutto, suo attento lettore, interlocutore epistolare e consigliere nei momenti difficili. La testimonianza piú viva del loro rapporto ce la fornisce lo stesso Montale nel *Ricordo di Bobi Bazlen* (sul «Corriere della Sera» del 6 agosto 1965). Definito Bazlen «l'ultimo e piú singolare rappresentante dell'intelligenza triestina dei cosiddetti anni Trenta», rievoca l'incontro genovese e sottolinea quali conseguenze ebbe per lui: «Quando venne a trovarmi, nell'inverno '23-'24, mandatomi non so da chi, egli fu per me una finestra spalancata su un mondo nuovo. Ci vedevamo ogni giorno in un caffè sotterraneo presso il Teatro Carlo Felice di Genova. Mi parlò di Svevo, facendomi poi pervenire i tre romanzi dell'autore stesso; mi fece conoscere molte pagine di Kafka, di Musil (il teatro) e di Altenberg». E poi prosegue con un ritratto che vale da compendio della sua vita e del suo pensiero, incentrato sul tema (a lui caro sin dai tempi del *Quaderno genovese*) dell'inattendibilità della materia e del reale:

> Era [...] un uomo a cui piaceva vivere negli interstizi della cultura e della storia, esercitando il suo influsso su quanti potevano comprenderlo, ma rifiutando sempre di apparire alla ribalta [...] fu soprattutto un impareggiabile suggeritore e suscitatore di sempre nuove inquietudini intellettuali e morali. Regolarmente in anticipo, abbandonava spesso le sue idee quando le vedeva troppo accettate dagli altri. Non ebbe mai, ch'io sappia, impieghi fissi, ma parecchi editori si servirono di lui mandandolo "di pattuglia" in zone inesplorate. Molti buoni e rari libri pubblicati in Italia non sarebbero mai apparsi se B.B. non li avesse imposti a riluttanti stampatori [...] Non credeva che la materia e il corpo stesso dell'uomo avessero una reale esistenza. Pensava che la morte fosse una parola senza senso. In ogni modo, nessuno ha mai saputo quale genere di trascendenza balenasse a lui [...] forse era una privatissima alchimia elaborata nel segreto di un'assidua esperienza dell'assurdo.

La pubblicazione di poesie in riviste prosegue anche nel '24: cinque liriche appaiono su «Il Convegno» (col titolo *Ossi di seppia*, che compare qui per la prima volta) e tre su «Le Opere e i Giorni». Nell'estate conosce, nella casa carrarese dell'amico Cesare Vico Lodovici, l'architetto Nicoli e la moglie Paola, che, come ispiratrice della sua poesia, incontreremo in seguito. Va a Roma, dove fa visita a Emilio Cecchi, e a Milano per tentare la via del giornalismo. Consolida i rapporti con l'ambiente torinese che ruota attorno a Piero Gobetti. In un articolo sul «Corriere della Sera» del 20 aprile 1954 ricorda cosí questo periodo:

> Tra il '24 e il '26 [...] frequentai piú volte la casa di Piero Gobetti: fui anche uno degli ultimi amici che poterono salutarlo pochi giorni prima della sua morte [...] Direttore ed editore di due riviste settimanali – «La rivoluzione liberale» e «Il Baretti» – , conferenziere, tipografo, imballatore, speditore, pubblicista, scopritore di ingegni nuovi, rivalutatore di uomini dimenticati, critico teatrale, polemista, propagatore di una formula liberal-socialista che piú tardi il partito d'azione tentò di far sua [...] egli resta una figura di eccezione.

In un altro articolo, del 16 febbraio 1951, espone i motivi per cui si sentiva, all'epoca, vicino al liberalismo gobettiano:

> Gobetti [...] era persuaso che fra il bene e il male si dovesse scegliere, non attendere che scattasse il terzo elemento, la Sintesi, dalla scatola a sorpresa che gli studiosi rinvengono sempre nei laboratori della Storia [...] Era l'uomo d'oggi, il compagno di strada, eguale a noi, migliore di noi, l'uomo che fu cercato invano da una generazione perduta, l'uomo che noi ci ostiniamo ancora a cercare nella parte piú profonda di noi stessi [...] Eroe a modo suo, eroe borghese, questo primo della classe è stato uno dei rappresentanti piú degni di quel «Risorgimento senza eroi» che continua e continuerà (se l'Italia deve durare) attraverso strade che ancora non conosciamo.

Su una delle due riviste gobettiane, «Il Baretti», di cui apprezzava l'intransigenza morale e il recupero della dignità della letteratura, Montale pubblica, nel '25, uno dei suoi piú impegnativi saggi giovanili: *Stile e tradizione*. E presso lo stesso editore (che poi morirà, in seguito alle bastonature fasciste, a Parigi il 15 febbraio 1926) esce, grazie alla mediazione di Lodovici e Solmi, la prima edizione, del '25, degli *Ossi di seppia*. Tra gli articoli e le recensioni pubblicati, nello stesso anno, su quotidiani e riviste, spicca *Omaggio a Italo Svevo* (sul n. IV de «L'Esame») con cui dà inizio alla riscoperta dell'opera del grande scrittore triestino. La stima montaliana per l'autore della *Coscienza di Zeno*, che conoscerà personalmente a Trieste nel '26, è riconfermata poi nel saggio *Presentazione di Italo Svevo* (sul «Quindicinale» del 30 gennaio 1926). All'attiva vita intellettuale e giornalistica (nel '26 comincia a collaborare anche a «La Fiera Letteraria» con un saggio su Joyce) non corrisponde però un'occupazione stabile che gli conceda la sicurezza economica e l'indipendenza dalla famiglia. Sul finire del '26 s'affaccia la prospettiva di lavorare presso l'editore Bemporad di Firenze. Per questo motivo, nel febbraio del '27, lascia la sua città.

Dopo l'edizione gobettiana del '25 gli *Ossi di seppia* vengono ristampati nel '28 dall'editore Ribet di Torino con la prefazione del critico Alfredo Gargiulo. La seconda edizione aggiunge ai testi della prima (composti tra il 1916 e il 1924) sei nuove poesie: cinque del 1926 (*Vento e bandiere*, *Fuscello teso dal muro*, *I morti*, *Delta*, *Incontro*) e una del 1927 (*Arsenio*); esclude un testo (*Musica sognata*) e modifica in vari punti la struttura interna del volume. Gli *Ossi di seppia* si presentano come un libro anomalo e di immediata originalità nel panorama letterario dell'epoca. Ciò è dovuto a elementi di lingua e di stile, ma soprattutto al modo radicale con cui ci s'interroga in essi sulle questioni capitali della condizione umana: la vita come problema, lo statuto della realtà che ci circonda, la posizione del soggetto nei suoi confronti, i rapporti tra quest'ultimo e le dimensioni dello spazio e del tempo. Sono questioni poste con un tono netto ed eloquente, che segue un progetto di ricerca formale in cui il testo si configura, grazie a una compiutezza edificata su legami interni di vario tipo, come *oggetto* che si oppone alla dispersione del reale e dell'esistenza.

Questo aspetto emerge già dal modo con cui è costruito il volume. Ripensando ai suoi primi tre libri, Montale, in un'intervista del '71, osservava come essi obbedivano «al concetto di *canzoniere* [...] una raccolta che tende a una specie di completezza anche formale, senza buchi, senza intervalli, senza nulla di trascurato». Questo principio d'ordine negli *Ossi* si realizza in una divisione della materia ben bilanciata nelle sue partizioni interne. Tra un testo d'apertura (*In limine*) e uno di chiusura (*Riviere*), che fanno ognuno capitolo a sé e che istituiscono i "confini" del libro, si dispongono quattro sezioni: «Movimenti», «Ossi di seppia», «Mediterraneo», «Meriggi e ombre». Ogni sezione ha una struttura compatta, determinata da fitti rimandi tra un testo e l'altro, e risponde a una ragione d'alternanza riassumibile cosí: ai «Movimenti» che offrono ancora (come una divagazione musicale che vale da preludio ai temi centrali dell'opera) una varietà di motivi e possibilità, succedono gli «Ossi» – testi brevi, concentrati e fulminei – che sanciscono la condizione del «male di vivere»; la terza sezione – nove testi di un poemetto dedicato al Mediterraneo – alterna, con la medesima varietà della prima, alla celebrazione del mare come «patria sognata» il sentimento del distacco da esso, e precede «Meriggi e ombre»; la quale raduna i testi piú lunghi e densi del libro ricollegandosi alla tematica degli «Ossi», ma proponendo al contempo un significativo scarto. Incastonati tra *In limine* e *Riviere*, i quattro "capitoli" scandiscono cosí ritmi diversi e alterni, di cui gli «Ossi» e «Meriggi e ombre» sono gli episodi centrali.

Questa architettura compositiva, cosí bilanciata nelle sue parti, è però cornice al disfacimento: a una struttura armonica, che punta a cancellare ogni "vuoto" e a istituire legami, insieme variando e replicando, corrisponde, sul piano tematico, la rappresentazione della disarmonia: «Avendo sentito fin dalla nascita una totale disarmonia con la realtà che mi circondava, la materia della mia ispirazione non poteva essere che *quella* disarmonia». Cosí Montale nel '51. E, in effetti, alla base degli *Ossi* sta proprio un rapporto di sostanziale estraneità nei confronti del mondo da parte dell'io. Quest'ultimo, nella sua veste di soggetto che interpreta il testo e il suo discorso, è colto nel momento in cui si volge indietro a guardare, ormai perdute, infanzia e giovinezza: l'«età illusa» del «giuoco dei cannibali nel canneto», dei «mustacchi di palma», della «raccolta | deliziosa dei bossoli sparati». Dalla «fine dell'infanzia» (che è anche il titolo di una delle poesie piú belle del libro), dalla «fanciullezza [...] morta in un giro a tondo» scruta ora un tempo che si presenta inerte e bloccato nella negatività: la «vita che si sgretola» e la scoperta del «male del mondo» s'impongono al suo sguardo. Cancellata ogni fiducia nella propria figura e abolita ogni convinzione nei poteri della propria parola (quella convinzione che, ad esempio, aveva sostenuto Carducci e D'Annunzio e le loro rappresentazioni dei temi storici, naturali e civili), Montale qui ribadisce con forza la mancanza di senso dell'esistenza tutta, il suo fondarsi sul vuoto, il suo manifestarsi nel male:

Spesso il male di vivere ho incontrato:
era il rivo strozzato che gorgoglia,
era l'incartocciarsi della foglia
riarsa, era il cavallo stramazzato.

La perentoria radicalità del discorso poetico e la netta evidenza di immagini che coinvolgono, oltre l'umano, anche la natura nelle sue varie forme fanno sí che gli *Ossi* scavalchino d'un balzo le loro presunte fonti (filosofi francesi o pensatori russi) a cui pure Montale ha accennato e su cui tanto ha insistito la critica. Qui, con una forza di pensiero e immagini di cui l'unico antecedente possibile è Leopardi, l'esistere si configura come una ripetizione immobile di fatti identici («Nel futuro che s'apre le mattine | sono ancorate come barche in rada») e l'intera realtà è messa in questione: non fondamento e misura della vita, ma «inganno», «schermo» su cui s'affollano – come frammenti staccati l'uno dall'altro – «alberi case colli».

Con una mossa condivisa pressoché da tutti i maggiori scrittori del Novecento europeo, la problematicità del reale, il dubbio sulla sua effettiva consistenza e la coscienza del suo maligno sottrarsi alla presa umana sono questioni che si rovesciano in quelle della problematicità della parola e della percezione del suo ridotto potere rappresentativo: una parola che dia forma a ciò che ne è privo, che interpreti, arricchisca e trasfiguri col suo lusso di termini e suoni quanto lo sguardo incontra (come avviene nella poesia dannunziana) è dichiarata impossibile: appartiene ai «poeti laureati», al loro gusto per i «nomi poco usati», al dominio delle loro certezze. La parola qui non risplende come un sigillo sulla realtà decretandone cosí l'appartenenza all'umano e non aspira a definire e illustrare compiutamente quanto nomina:

Non chiederci la parola che squadri da ogni lato
l'animo nostro informe, e a lettere di fuoco
lo dichiari e risplenda come un croco
perduto in mezzo a un polveroso prato.

Ah l'uomo che se ne va sicuro,
agli altri ed a se stesso amico,
e l'ombra sua non cura che la canicola
stampa sopra uno scalcinato muro!

Non domandarci la formula che mondi possa aprirti,
sí qualche storta sillaba e secca come un ramo.
Codesto solo oggi possiamo dirti,
ciò che *non* siamo, ciò che *non* vogliamo.

In un'esistenza che è prigionia – «catena che ci lega» o «muraglia | che ha in cima cocci aguzzi di bottiglia» – dove trovare una ragione o una possibilità diverse dal male? Accanto al conforto aristocratico che accompagna la consapevolezza del poeta e lo divide dagli altri uomini – coloro che «non si voltano» e s'accontentano del reale cosí com'è – si profila negli *Ossi* una serie folta di tentativi di risposta o di reazione alla negatività: l'indifferenza e i suoi simboli («la statua nella sonnolenza | del meriggio, e la nuvola, e il falco alto levato») opposti a quelli delle «scerpate esistenze»; lo slancio, effimero e frustrante, verso l'identificazione con la vitalità del mare, segno della purificazione e del ritorno nel ciclo della natura («mi era in fondo | la tua legge rischiosa: esser vasto e diverso | e insieme fisso»); la ricerca, dietro il velo delle apparenze, dell'«ultimo segreto» delle cose: tensione a «scoprire uno sbaglio di Natura, | il punto morto del mondo, l'anello che non tiene, | il filo da disbrogliare che finalmente ci metta | nel mezzo di una verità». Da qui l'attesa del miracolo, dell'evento che scompagini l'ordine consueto e soffocante delle cose e che irrompa nello «scialo | di triti fatti» che avvolge la vita. Sono figure di salvezza e di liberazione che si sottraggono alla regola del «tutto è fisso, tutto è scritto» e che appartengono al dominio del «fatto [...] non necessario»: fanno la loro comparsa come «fantasma» («Se procedi t'imbatti | tu forse nel fantasma che ti salva») e come «maglia rotta nella rete | che ci stringe».

La ricchezza delle immagini con cui è messa in scena la possibilità del miracolo e il vasto repertorio dei dati, destinati a dar segno invece della «vita brulla» che ci cinge d'ogni lato, illustrano come la poesia, evitando ogni termine astratto, insista sulla presenza di oggetti di fisica concretezza (lo notava già nel '33 Gianfranco Contini, tra i piú fedeli critici-amici di Montale). La riflessione sull'esistenza – la componente "filosofica" di questa poesia – si realizza cosí in dati materiali di forte evidenza (il gufo che «svolacchia», la «carrucola del pozzo», il «colpo di fucile» nel silenzio della campagna, ad esempio) e la posizione negativa del soggetto e la sua marcata singolarità, invece di chiudersi in sé, aderiscono paradossalmente agli aspetti del mondo esterno, che gremiscono il libro in ogni sua parte.

La tensione a nominare oggetti e figure concrete e a tentare di conoscere, con essi, il mondo comporta alcune importanti conseguenze. Tra esse ne spiccano due: una linguistica e una, invece, dall'ampio rilievo tematico. La prima coincide con la ricerca della parola precisa, inequivoca. Da qui la scelta sia di parole dotte e letterarie che di parole tecniche e dialettali (come *cimelli*, *riano*, *cavagni*) con particolare attenzione al vocabolario vegetale e animale. Nulla è lasciato al vago, al generico o all'indistinto: alla raffigurazione di una realtà colta nella disgregazione delle sue forme corrisponde una lingua ricca, articolata, che scarta dalla medietà per "toccare" l'oggetto e offrirlo al lettore. In secondo luogo, il principio (antipetrarchistico) della concretezza abbisogna, per farsi discorso poetico, di un ambiente determinatissimo e preciso, sul cui sfondo il soggetto misuri il suo tempo e interroghi il suo pensiero. In un intervento del '60, Montale ricordava come «lo stato d'animo di estrema desolazione» della sua prima raccolta fosse «trasposto in un paesaggio che oggi si direbbe "esistenziale", ma che era allora semplicemente il paesaggio naturale in cui vivevo»: la Liguria orientale dalla «bellezza scarna, scabra, allucinante. Per istinto io tentai un verso che aderisse a ogni fibra di quel suolo: e non senza risultato, perché un critico illustre (Emilio Cecchi) notò subito che nel mio libro tutto si svolgeva sotto un velo di allucinazione».

In questo paesaggio di «calvi picchi», dove s'osserva «il palpitare | lontano di scaglie di mare», dove domina la calcinazione e l'afa e incontrastata rintocca l'ora del meriggio, si svolge il dramma tra la ripetizione del male, da un lato, e l'attesa del miracolo, dall'altro. Il riferimento alla stagione estiva e il mare quale presenza costante del dialogo interiore del poeta hanno indotto a sottolineare elementi di continuità tra gli *Ossi* e l'*Alcyone* di D'Annunzio. In realtà alla pur vasta accoglienza di termini dannunziani, segnalata dall'analisi linguistica, non corrrisponde – tranne rari soprassalti vitalistici – una fedele trascrizione della tematica di *Alcyone*. Anzi, si procede a un suo rovesciamento: non l'esaltazione dell'io di fronte al trasmutarsi ciclico della natura, ma la sua condanna e la sua finitezza; non l'accordo e la fusione con il mare, ma l'amarezza di avere a disposizione, di fronte al suo «rombo», soltanto le «lettere fruste | dei dizionari»; non l'appartenenza a un senso compiuto, ispirato dal ripetersi eterno delle stagioni, ma l'estraneità ad esso e la convinzione del suo ingannevole fondamento; e il riconoscimento, infine, della propria parola non è col tutto vitale celebrato da D'Annunzio, ma col frantume, col particolare, con ciò che, nella «troppa luce» che verticale incide «rare canne» alla foce di un «secco greto», risalta come «scabro ed essenziale»: «reliquia di vita» o sghembo segno in cui l'io ritrova, insieme, la propria solitudine e la propria dignità.

La poetica del frantume e dello scarto applicata ai dati paesaggistici risente della lezione di Sbarbaro (in un primo tempo Montale pensò addirittura allo sbarbariano *Rottami* quale titolo del libro); ma individua anche la differenza principale tra la poesia degli *Ossi* e la scrittura di tipo simbolista (a cui pure il giovane poeta del *Quaderno genovese* si sentiva, come s'è visto, particolarmente vicino). Se nel simbolismo dei grandi poeti francesi di fine Ottocento-inizio Novecento il particolare finiva pur sempre per rimandare a un universale, in cui ritrovava senso e unità attraverso una serie di corrispondenze piú o meno segrete, qui invece il frammento si presenta del tutto privo di legami con un presunto ordine superiore: residuo che non allude piú ad un senso preesistente e che, anzi, risalta proprio nella sua inappartenenza ad esso. Per queste ragioni e per il generale ridursi del mondo a frammenti la Liguria di Montale non può farsi coincidere, in un facile gioco di connessioni tra paesaggio reale e paesaggio della poesia, con la Liguria quale essa è. Il «velo d'allucinazione» che cade tra lo sguardo del soggetto e lo sfondo su cui si muove toglie alla geografia qui rappresentata ogni ruolo d'ambientazione di una possibile felicità umana e ogni troppo realistica o confortevole suggestione.

Il fatto è che negli *Ossi* il paesaggio intrattiene – allucinatoriamente, appunto – un rapporto fitto con un principio interiore e psicologico del soggetto, espresso con termini che risentono della tradizione lirica e melodrammatica. Si tratta di «cuore», «animo», «anima» che ricorrono ossessivamente di poesia in poesia: la «volontà di ferro» della tramontana che «spazza l'aria» dissolve «i circoli d'ansia | che discorrevano il lago del cuore» (con ripresa di formula dantesca: *Inf.*, I, 20); il ricomparire del mondo – «un gruppo di abitati [...] sul fianco d'un declivo» – s'incide come «uno stupore» sul «cuore che ai vaganti incubi cede»; l'arsura del paesaggio è all'origine dell'esclamazione «Bruci | tu pure tra le lastre dell'estate, | cuore che ti smarrisci!» Ne risulta un rapporto tra esterno e interno, tra fisico e psichico, inquieto e movimentato: di fronte alle figure del *suo* paesaggio l'indifferenza e l'inerzia del «cuore» si rivelano ben piú ricche di quanto si dichiari, di trasalimenti e sussulti.

A questo «cuore» non spetta in sorte la lunga durata, la continuità temporale, la percezione di un possibile ritorno. Il frantumarsi dell'esperienza, dettato dall'insensatezza del reale e dallo stesso imprevedibile affiorare del miracolo, riguarda non solo i dati spaziali – il «lento franamento» di un «secco pendio» coincidente con la vita – ma anche quelli temporali. L'«ora» è la piú frequente misura cronologica degli *Ossi* (Rella). «Ora lenta», «ora di disagio», «ora d'attesa in cielo, vacua», «ore perplesse», «ora fallita», «ora trepida» e «le giostre d'ore troppo uguali» fanno segno a un'idea del tempo che è, insieme, stagnazione e vuoto, sperpero e distruzione: «tutto schianta | l'ora che passa». Eppure, allo scorrere sempre eguale del tempo, al suo «gocciare [...] inesorabile», alle perdite che infligge («cala un'ora, i suoi volti riconfonde – | e la vita è crudele piú che vana») un'altra e diversa dimensione s'alterna: l'«attesa | del minuto violento», dell'improvvisa catastrofe che sconvolga la prigionia della ripetizione. Sul quadrante degli *Ossi* il *minuto* – frantume cronologico pari ai frantumi spaziali colti nel paesaggio – si contrappone cosí all'*ora* e si connette alla ricerca della «stortura», dell'anomalia in grado d'interrompere il corso del tempo e la sua insensatezza: è l'attimo, terribile come una tempesta («un procelloso evento») ma forse miracoloso e liberatorio, del «crollo»:

Volli cercare il male
che tarla il mondo, la piccola stortura
d'una leva che arresta
l'ordegno universale; e tutti vidi
gli eventi del minuto
come pronti a disgiungersi in un crollo.

Ai temi fin qui descritti le poesie inserite nell'edizione del '28 apportano sensibili variazioni. C'è, insieme, un ulteriore incupirsi dei toni, un piú complesso articolarsi dei motivi e, nel quadro di un profondo pessimismo, un improvviso scarto etico. Dei nuovi aspetti della scrittura montaliana *Arsenio* è la poesia piú rappresentativa. La tensione lirica si oggettiva qui in un personaggio che, controfigura del poeta, ha però un deciso profilo "romanzesco": su uno sfondo cittadino che alterna luce a buio e che accoglie lo scatenarsi di una burrasca estiva, Arsenio è seguito passo passo nella sua discesa al mare: «Sul corso, in faccia al mare, tu discendi | in questo giorno | or piovorno ora acceso, in cui par scatti | a sconvolgerne l'ore | uguali, strette in trama, un ritornello | di castagnette». Il preannuncio dello scatenarsi degli elementi induce la speranza che sia giunto il momento di liberarsi finalmente dalla prigionia dell'«immobilità», di avere – dentro la tempesta – una nuova possibilità di fine. Ma la passeggiata di Arsenio «in mezzo al buio che precipita | e muta il mezzogiorno in una notte | di globi accesi, dondolanti a riva» non sortisce nulla. Anzi lo conficca ulteriormente nella sua immobilità: assimilato a una figura vegetale («giunco tu che le radici | con sé trascina»), manca l'incontro con l'«altra orbita» in cui la sua esistenza avrebbe assunto nuova forma. Avvolto e costretto in una realtà quotidiana inesorabilmente identica alla morte, il miraggio che ha dettato il suo andare si riduce a «cenno | d'una vita strozzata» che il vento trascina con sé nel pulviscolo funereo (la «cenere») di una remota prospettiva cosmica:

> [...] e ancora
> tutto che ti riprende, strada portico
> mura specchi ti figge in una sola
> ghiacciata moltitudine di morti,
> e se un gesto ti sfiora, una parola
> ti cade accanto, quello è forse, Arsenio,
> nell'ora che si scioglie, il cenno d'una
> vita strozzata per te sorta, e il vento
> la porta con la cenere degli astri.

Il movimento compositivo e tematico visto all'opera nei testi precedenti (la transizione dal vuoto temporale all'attesa del mutamento) si complica dunque di un altro passaggio: il "nuovo", la catastrofe sono appena sfiorati: dal tempo delle «ore eguali» non si esce, la tensione ad andare al di là di se stessi si rivela illusoria e quasi dannosa; alla fine restano solo l'inerzia e la malinconia: «E cado inerte nell'attesa spenta | di chi non sa temere».

Ne *I morti* (dedicata, insieme a *Delta* e *Incontro*, ad Arletta) l'assenza di speranza e il predominio della negatività giungono a toccare la condizione che succede alla vita, sottraendo quell'elemento di "pace" che nella convinzione comune e nella coscienza cattolica ad essa è solitamente ascritto: «anche ai morti è tolto ogni riposo | nelle zolle»; una forza «spietata piú del vivere» li travolge, «larve rimorse dai ricordi umani», e li conduce «fino a queste spiagge». Il confine tra la vita e la morte si rivela inesistente: «i mozzi | loro voli ci sfiorano pur ora | da noi divisi appena». Alla rottura della barriera tra interiorità del soggetto (il *cuore*) e i dati fisici dell'esteriorità (gli *oggetti*), rilevata soprattutto nel trattamento dei motivi paesaggistici, corrisponde un'ancora piú radicale effrazione: quella del limite che separa i sopravvissuti dagli scomparsi. Del tema dei morti e del colloquio con essi (che avrà una posizione centrale nella successiva poesia montaliana) un episodio importante è, negli *Ossi*, *Incontro*: la poesia, originariamente intitolata *Arletta*, chiude «Meriggi e ombre» e presenta una sequenza complessa di situazioni e motivi. In principio il poeta dialoga liricamente con la sua tristezza («Tu non m'abbandonare mia tristezza | sulla strada») su uno scenario i cui elementi naturali («La foce è allato del torrente, sterile | d'acque, vivo di pietre e di calcine») vengono repentinamente utilizzati per illustrare la condizione umana e i suoi tratti di chiusura e soffocamento: «ma piú foce di umani atti consunti, | d'impallidite vite tramontanti | oltre il confine | che a cerchio ci rinchiude: visi emunti, | mani scarne, cavalli in fila, ruote | stridule: vite no: vegetazioni». Come per Arsenio-giunco, anche qui l'esistenza è ricondotta al dominio del vegetale. Il cammino degli umani nella vita, assimilato a coloro che vanno in processione ricoperti da mantelli (riferimento agli ipocriti di *Inf.*, XXIII), è eguale al muoversi delle alghe («i sargassi umani») di fronte al fruscío dei bambú:

Si va sulla carraia di rappresa
mota senza uno scarto,
simili ad incappati di corteo,
sotto la volta infranta ch'è discesa
quasi a specchio delle vetrine,
in un'aura che avvolge i nostri passi
fitta e uguaglia i sargassi
umani fluttuanti alle cortine
dei bambú mormoranti.

In questa atmosfera lugubre e fangosa interviene però uno scarto: la speranza di riconquistarsi un vero volto – netto e non piú coperto da «cappucci bassi | dinanzi agli occhi», *Inf.*, XXIII, 61-2 – è suggerita ancora dall'incontro con una povera realtà vegetale: «Forse riavrò un aspetto: nella luce | radente un moto mi conduce accanto | a una misera fronda che in un vaso | s'alleva s'una porta di osteria». Scatta qui il miracolo: la mano sulla «misera fronda», le cui foglie si fanno capelli, apre al contatto con la donna scomparsa e permette cosí di riacquistare l'identità perduta: l'io si sente ora «ingombro», colmo di una «forma» che la vita tra gli «incappati di corteo» gli aveva sottratto: «A lei tendo la mano, e farsi mia | un'altra vita sento, ingombro d'una | forma che mi fu tolta; e quasi anelli | alle dita non foglie mi si attorcono | ma capelli». Al venir meno del contatto, al dissolversi dell'improvviso incrociarsi di due esistenze cosí remote, al sommergersi di Arletta nel suo mondo d'ombre («Poi piú nulla. Oh sommersa!: tu dispari | qual sei venuta, e nulla so di te») non subentrano però, come avviene altrove, la chiusura malinconica o l'inerzia di chi vive solo nell'attesa del miracolo. Al loro posto due altri motivi: la richiesta di una preghiera rivolta alla donna che assume cosí una funzione di guida e di conforto, e il profilarsi di un motivo etico, nuovo nel sistema tematico degli *Ossi*: il poeta chiede la preghiera di Arletta e la sua vicinanza per non soccombere nel buio che avvolge il «brulichio dei vivi» (l'«aria persa» che riprende l'«aere perso» di *Inf.*, V, 89) e per affrontare il cammino che gli resta «senza viltà»: senza nascondere ipocritamente a se stesso il male e il nulla che fondano l'esistenza:

[...] Prega per me
allora ch'io discenda altro cammino
che una via di città,

nell'aria persa, innanzi al brulichio
dei vivi; ch'io ti senta accanto; ch'io
scenda senza viltà.

Per certi versi *Incontro* può essere eletto a episodio rappresentativo degli *Ossi di seppia* nel loro insieme. Nella poesia infatti ricorre quel motivo della mutabilità continua delle scene e delle figure che caratterizza l'intero libro. Se ripercorriamo il testo vediamo come esso s'impianti su una serie ininterrotta di slittamenti o passaggi: dall'iniziale preghiera alla tristezza si passa all'ambientazione naturale della «foce»; quest'ultima, a sua volta, si tramuta nello scenario d'«impallidite vite tramontanti», rappresentate dagli «incappati di corteo». Su questo sfondo cadono poi in successione: l'inerzia dell'attesa, l'ipotetica speranza di una riconquista dell'identità, l' "incontro" con Arletta, la sua sparizione e infine la richiesta della sua vicinanza e l'augurio di una discesa «senza viltà». Si realizza cosí un parziale distacco dai moduli canonici della poesia lirica, fondata spesso su una sola situazione, sulla stasi del soggetto, su una sola figura o, tutt'al piú, sul suo rapporto con un'altra (l'amata o altre versioni del *tu*). Qui invece la relazione con la figura femminile e l'introversione dell'io, che, caratteristici del lirismo, pure permangono, entrano a far parte di un quadro compositivo in cui prevalgono il mutare delle scene, la comparsa di varie figure e oggetti, l'evolversi o, comunque, il passaggio dell'io attraverso stati d'animo diversi.

Tutto ciò è sinteticamente riconducibile all'introduzione di elementi di narratività in poesia: attorno ai temi lirici dell'«immobilità» e della prigionia esistenziale si svolge una "trama" di movimenti, figure, oggetti e personaggi. Il che fa sí che gli *Ossi* possano leggersi anche come una sorta di romanzo. Al suo interno il protagonista dalla «fine dell'infanzia» giunge al compimento del suo viaggio esistenziale in *Casa sul mare* («Il viaggio finisce a questa spiaggia | che tentano gli assidui e lenti flussi») e dalla contemplazione della «divina Indifferenza» approda al dono della «avara *sua* speranza», offerta al «cuore» dell'altro che «salpa già forse per l'eterno». Ma l'aspetto "romanzesco" del libro non si fonda solo su un piano narrativo con un suo sviluppo e con un suo interprete, ma anche su un forte sentimento della mutabilità e del passaggio. Il vero protagonista degli *Ossi* è in fondo, in rapporto antagonistico con le forze della fissazione, il passante: l'uomo che passa di *Sarcofaghi*, «il passante» che sente «come un supplizio | il suo distacco dalle antiche radici», «i malvivi | camminatori delle bianche strade» di *Flussi*, Arsenio che discende discende e si sperde «tra i vimini e le stuoie grondanti», l'io d'*Incontro* che «un moto [...] conduce accanto | a una misera fronda». E quante poesie presentano un movimento, un passaggio, un vibrare di luci o un mutare di condizioni! «È passata di fuori | l'indicibile musica», «Ora sia il tuo passo | piú cauto», «E tu camminante | procedi piano», «Passò nel riquadro azzurro una fugace danza | di farfalle», «s'adempia lo sbandato mio passare», «e su nel cielo pieno | di smorte luci | trapassa qualche biocco | di nuvola, e si perde», «Sei passata e pur senti | la tua vita consumata». Prima che «una fissità gelida» s'imponga, nella successiva poesia montaliana, su figure qui ancora «immobili e vaganti» a un tempo, è in questo senso acuto e doloroso del movimento e del transito che va forse cercata una possibile ragione della ricchezza giovanile e inquieta degli *Ossi di seppia*.

Capitolo secondo

Gli anni fiorentini e *Le occasioni*

«Gli anni di Firenze sono stati i piú importanti della mia vita, sotto il profilo della maturazione culturale. Quella delle Cinqueterre, di Monterosso è stata una stagione molto formativa: però ha anche contribuito l'avvio all'introspezione, mi ha portato a un imprigionamento del cosmo. Firenze per me è stata la terraferma della cultura, delle idee, della tradizione». Cosí, dalla sponda della vecchiaia, Montale ricordava, in un'intervista, i suoi anni fiorentini.

Montale arriva a Firenze al principio del febbraio del '27 e incomincia a lavorare, da «impiegato malpagato», presso la casa editrice Bemporad. Pochi mesi dopo conosce, come comunica a Svevo in una lettera del 20 giugno, «una simpatica e intelligente sua ammiratrice»: «l'ex-signorina Tanzi», che «ha sposato il critico d'arte Matteo Marangoni» e che «porta il bizzarro nome di Drusilla». È il primo incontro con colei che diventerà poi la sua compagna e, col soprannome di Mosca, la protagonista di tante future poesie. A proposito di Mosca ci piace riportare quanto ne dice, nella rievocazione della sua giovinezza, Gino Martinoli, fratello della scrittrice Natalia Ginzburg e nipote di Drusilla Tanzi:

> Crescemmo molto uniti, solidali in mezzo a baruffe violente, a un caos indicibile entro il quale passavano indenni amici e parenti. Alcuni dei quali personaggi eccezionali, come la sorella di

mia madre, Drusilla Tanzi, la «Mosca» di Montale da mio padre chiamato «il tanghero» per il suo impaccio e la sua goffaggine. Sono arciconvinto che sia stata proprio mia zia Drusilla, ritenuta ben a torto la scema della famiglia a "fare" di Montale Montale dopo aver trasformato il suo primo marito Matteo Marangoni da oscuro insegnante a grande autorità nell'arte. Certo era insopportabile, una mosca per l'appunto...

I primi tempi fiorentini non sono facili: collabora a riviste importanti («La Fiera Letteraria», «L'Ambrosiano», «Solaria», dove pubblica, nel giugno '27, *Arsenio*) ma, nello stesso tempo, è angustiato dalla precarietà dell'impiego e dal misero stipendio che ne ricava: «una paga da dattilografa» che, come scrive a Solmi, non gli consente di «sbarcare il lunario». Decide perciò, nel giugno del '28, di lasciare la Bemporad e di attendere un'occasione lavorativa meglio remunerata e di maggior prestigio.

L'occasione si presenta un anno dopo, quando, in marzo, viene designato direttore del Gabinetto Vieusseux, una delle piú importanti istituzioni culturali fiorentine. La vicenda che lo porta a occupare questa carica è narrata, con un tono che al disincanto unisce un sottile sarcasmo (e il Vieusseux sarà poi nelle lettere costantemente indicato con la sigla W.C.), da Montale in un'intervista con Leone Piccioni del 1966:

Io entrai al Vieusseux per una strana ragione. Il presidente era Paolo Emilio Pavolini, ancora non accademico, allora non esisteva l'Accademia, e portò al conte Giuseppe Della Gherardesca una terna di possibili direttori.
Che era il podestà di Firenze...
Era il podestà di Firenze, e il mio nome era il terzo. Lui disse a Pavolini: «Sono iscritti al partito?» E Pavolini disse: «Soltanto i primi due».
Al partito fascista, naturalmente...
Al partito fascista. E allora Gherardesca disse: «Io scelgo il terzo». E io fui scelto. Quindi io trovai un impiego perché non ave-

vo la tessera fascista. E per questo stesso motivo, dieci anni dopo, lo perdetti. Tutto si compensa, tutto si paga, insomma.

Il decennio aperto dalla nomina al Vieusseux presenta una serie di fatti di particolare rilievo sia per la sua vita pubblica che per quella privata. Tra i primi: gli impegni anche mondani che la nuova carica gli imponeva (feste, concerti, spettacoli teatrali, incontri nelle dimore della nobiltà fiorentina); la frequentazione del caffé delle «Giubbe Rosse», dove si radunava gran parte della maggiore cultura letteraria del tempo; la pubblicazione su «Solaria» (numero del dicembre '29) di alcune traduzioni da Thomas Stearns Eliot, grande poeta nordamericano su cui Montale interverrà piú volte negli anni successivi (ad esempio su «Circoli» nel '32); la terza edizione degli *Ossi di seppia* nel '31; la stampa nel '32 dell'opuscolo *La casa dei doganieri e altri versi*, che raccoglie cinque poesie che entreranno poi a far parte del secondo libro; e frequenti viaggi all'estero: Parigi, Londra, Vienna.

A questa intensa attività fa però da contrappunto la tormentosa consapevolezza che l'impiego al Vieusseux dipende pur sempre dalla volontà della gerarchia fascista che può, a seconda del mutare degli equilibri politici al suo interno, sottrarglielo da un momento all'altro. Da qui un'angosciosa insicurezza che si assomma all'emergere, ossessivo, del senso della propria inettitudine alla vita. Ne è un esempio un biglietto a Solmi del 12 ottobre 1935: «Se non ti scrivo quasi mai è sempre per il mio stato d'animo che non potrebbe essere piú depresso e fallimentare. Non è stato saggio puntar tutto su un po' di letteratura e rinunziare alla vita, che dopo tutto è l'unica cosa che abbiamo. E non è stato neppure coraggioso. Ma ormai è inutile recriminare». Nello stesso periodo la sua vita sentimentale pare dapprima avviarsi a una sorta di sistemazione per poi essere attraversata da un improvviso sconvolgimento.

Ora, frugare nella vita dei poeti, credere che possedere la biografia equivalga a comprenderne l'opera, dare ai fatti intimi e privati un peso determinante per il senso della scrittura sono esercizi sempre piú frequenti nell'indagine letteraria degli ultimi anni e, in particolare, in quella che ha eletto a proprio oggetto Montale (che, comunque, di tale forma di pettegolezzo mascherato da critica non si sarebbe affatto dispiaciuto). Esercizi senza dubbio legittimi, al pari di tanti altri. Ma quando si traducono nella vorace inquisizione dei particolari, nell'esaltazione del minimo dettaglio, nella ricostruzione ipotetica dei sentimenti, allora rischiano, credo, di oscurare i valori dell'opera, ricondotti forzatamente e consolatoriamente (per il critico) ai fatti biografici interpretati come vere origini del testo; e di usurpare quelle zone di silenzio a cui tutti – anche i poeti e, con loro, i lettori – hanno diritto. Per questo motivo della vita sentimentale e privata di Montale si proporranno, qui e in seguito, solo i fatti ritenuti essenziali.

Nel '29 Montale si trasferisce, come «ospite pagante», nella casa di Drusilla e Matteo Marangoni. Mentre quest'ultimo, professore a Pisa, s'allontana progressivamente dalla moglie e dalla casa, si va stabilendo, nel corso del tempo, tra Montale e Drusilla Tanzi una rapporto caratterizzato forse dalla ricerca della tranquillità quotidiana e dalla "protezione" che Mosca forniva al poeta. Finché irrompe al Vieusseux Irma Brandeis. Nella primavera del '33 questa giovane americana studiosa di Dante fa visita al W.C. per conoscere l'autore degli *Ossi di seppia*, di cui è stata attenta lettrice. È l'inizio di una tormentata relazione che, tra alterne vicende (ritorni di Irma a Firenze, scambi epistolari con l'oltreoceano), durerà fino al '39. Irma Brandeis è sicuramente la figura centrale della vita sentimentale e poetica di Montale. A lei, ispiratrice di numerosi testi del secondo libro di poesie, verrà dedicato, con la sigla «I.B.», l'edizione '49 del volume; e sempre Irma diverrà figura dominante del terzo, dove le viene attribuito il nome di Clizia. Il nome è tratto dalla mitologia e, in particolare, dalle *Metamorfosi* del poeta latino Ovidio: Clizia, amante del Sole, da lui abbandonata, si trasforma in girasole, che diviene il suo simbolo di fedeltà ad Apollo (il Sole), dio della cultura. A partire da questo mito, Clizia assumerà nella poesia montaliana la veste di una nuova Beatrice, di un angelo salvifico che difende i valori della poesia, della civiltà e della resistenza etica contro l'irragionevolezza e la guerra. Al momento, però, Irma Brandeis rappresenta anche qualcosa di diverso: la possibilità di dare un nuovo corso alla propria vita, di liberarsi dall'impiego al Vieusseux subíto come un tormento, di abbandonare un paese in cui gli spazi di libertà si stanno facendo sempre piú esigui, di sottrarsi a un ambiente culturale percepito come soffocante. Irma offre insomma una prospettiva diversa all'esistenza del poeta, gli propone l'eventualità di un "sogno americano" e di una fuga da una condizione vissuta nella prostrazione. Non è però facile decidersi per la fuga e per l'America. L'irresolutezza, l'angoscia, la considerazione dell'affetto per Mosca e, insieme, dei suoi "ricatti", la valutazione dei pro e dei contro, la tentazione di dare un taglio netto alla propria vita e la coscienza dell'impossibilità di farlo ritornano piú volte nelle lettere inviate, nel corso del '38, a Bobi Bazlen. In una lettera del 4 agosto, descrive il momento che sta attraversando e gli chiede consiglio:

Come saprai (ma conserva il *segreto*!) ho il 90% di possibilità di andar via di qui entro il mese di settembre. Questo fatto, unito a certi recenti provvedimenti razzistici che sai e che seguiranno, mi ha fatto sentire come *necessario* di riunirmi coûte con chi supponi. Mi capisci? Fino a ieri poteva esserci il *piacere* da una parte e il *dovere* dall'altra (Firenze, vita solita, con chi sai). E poteva essere doloroso (anzi per me orribile), seguire il dovere e lasciare il resto; doloroso ma quasi nobile. Ma ora sento esattamente il contrario; che è proprio il mio onore, il mio dovere, di andare verso chi ha atteso cinque anni senza lamentarsi, senza fiatare (e due anni senza scrivere!) [...] vorrei da te una opinione sintetica. Che altra via di uscita ho, tra il colpo di rivoltella e il... piroscafo? Tu non ti assumi *alcuna* responsabilità se rispondi a questa domanda. Pensaci e rifletti. Io sono molto colpevole e forse ho avuto bisogno di soffrire, ma è certo che ormai da questa sofferenza non caverò piú nessuna possibilità di vita, nemmeno di vita sui generis.

Pochi mesi dopo, con una lettera del 29 ottobre, ritorna sull'argomento:

Riguardo all'America, per ora non sono neppure *licenziato* [...] Per il passaporto (che non ho) il solo visto degli U.S.A. porterà via 1 mese. Potrò partire dunque, al massimo in febbraio. E tutto sarà terribile. Può anche succedere che mi tiri una revolverata prima di febbraio.

«Tutto sarà terribile». E in effetti il varco prospettato da Irma si chiude: Montale non si muove da Firenze, dove attende il compiersi del suo destino al Vieusseux. Il primo dicembre viene rimosso dall'incarico perché privo dei «requisiti» necessari a mantenerlo, fra i quali, in primo luogo, come recita il verbale del Consiglio del W.C., «l'appartenenza al P.N.F.». Rimasto senza impiego, inizia un'intensa attività di traduttore, mette su casa con Mosca nell'aprile del '39, chiude il capitolo "americano" della sua vita. Ancora a Bazlen scrive, il 1 maggio del '39: «Naufraga completamente il progetto America al quale la mia disoccupazione teneva le porte ancora aperte. Ho evitato due suicidi in due mesi e mi sento impazzire. Le lettere sono chiuse. Lavorare in questo stato d'animo come mi riuscirà?» La domanda di chiusura, piú che una confessione d'impotenza, è una mossa retorica, ascrivibile al genere della lamentazione epistolare e del mugugno perenne di cui Montale era maestro. In ottobre escono infatti a Torino, da Einaudi, *Le occasioni* (a cui farà seguito, l'anno dopo, una seconda edizione accresciuta).

Il libro, nella sua redazione definitiva, raccoglie poesie composte tra il 1928 e il 1940 (con due testi però risalenti al '26). Il titolo fa riferimento a quei momenti dell'esistenza che, travalicando l'ordine chiuso della realtà, si pongono come baleni e istanti di un senso diverso dal consueto: impreviste apparizioni numinose coincidenti per lo piú con i "passaggi" di Clizia. Anche qui, come negli *Ossi*, Montale costruisce un vero e proprio *libro* di poesia, fondato su un equilibrato piano compositivo. Anzi, per certi versi, l'ordinamento della materia ripete quello del primo libro: una breve poesia d'apertura (*Il balcone*) e una parte di testi di varia intonazione e ancora legati al mondo degli *Ossi* aprono alla sezione dei «Mottetti», venti poesie di fulminante concentrazione lirica. Ad essi, come accadeva nella sezione corrispondente degli *Ossi*, fa seguito un poemetto unitario in tre parti («Tempi di Bellosguardo») e, poi, il quarto e ultimo capitolo, dove sono radunate – ancora in analogia con «Meriggi e ombre» – le poesie piú impegnate e complesse. Si è soliti dire che a questa similarità strutturale con gli *Ossi* non corrisponda una continuazione delle loro tematiche e ambientazioni e che prevalgano, nel nuovo libro, elementi di novità e di differenza rispetto al precedente.

Il che è indubbiamente vero, ma forse solo in parte. Numerosi sono infatti i testi in cui il paesaggio ligure e quanto era ad esso legato fanno ancora la loro comparsa. Non si tratta però piú di uno sfondo assoluto e presente su cui il soggetto misuri l'intensità del «male di vivere», ma di una realtà che ora riemerge, nella prospettiva del ricordo, sul palco notturno della mente. Come in *Vecchi versi*, dove la lontananza dai luoghi cari, dai «volti familiari che oggi sperde [...] un'altra noia», prende forma attraverso l'uso dei tempi del passato («Dal porto | di Vernazza le luci erano a tratti | scancellate dal crescere dell'onde | invisibili al fondo della notte») e si chiude con un congedo dalle «cose» – «i muri antichi», «i lidi», il «segno del torrente» – che ormai solo la memoria «cresce» in sé, «vive d'una | vita che disparí sotterra».

Il rapporto con ciò che è stato – il paesaggio e i suoi segni, le figure umane trascorse e i loro profili svaniti – si realizza soprattutto in una serie di poesie di cui è ispiratrice e protagonista Annetta. In *Bassa marea*, all'affermazione, netta e recisa, dell'irrecuperabilità del passato («Non piú quel tempo») s'accompagna il ricordo di lei («solo il tuo ricordo | s'attorce e si difende»), che unico resta nell'oscuro e funereo ritrarsi di vite che non sono piú: «Viene col soffio della primavera | un lugubre risucchio | d'assorbite esistenze».

Annetta – «luce-in-tenebra» – e la sua appartenenza a un mondo di cui si celebrano qui, a un tempo, la scomparsa e gli improvvisi ritorni, emergono soprattutto in *Punta del Mesco* e ne *La casa dei doganieri*. Nella prima il poeta si trasferisce letteralmente nel suo paesaggio d'un tempo: «Vedo il sentiero che percorsi un giorno | come un cane inquieto; lambe il fiotto, | s'inerpica tra i massi e rado strame | a tratti lo scancella. E tutto è uguale». Qui la visione ritrova il suo oggetto e ciò che è stato ritorna nel fumo scatenato dal rombo delle mine degli spaccapietre: «Brancolo nel fumo, | ma rivedo: ritornano i tuoi rari | gesti e il viso che aggiorna al davanzale, – | mi torna la tua infanzia dilaniata | dagli spari! » Ben diversi il tema e l'andamento compositivo della *Casa dei doganieri*: non piú il recupero, al fondo della memoria, dei gesti e del volto di Annetta, ma il loro cancellarsi, travolti dalla corsa del tempo. La poesia non si riduce però a una semplice protesta rivolta al passare degli anni. Affronta un tema cardinale della letteratura novecentesca, riassumibile in questi termini: un'esperienza straordinaria, vissuta insieme da due persone, si rovescia, col tempo, nel suo contrario: non comune e non piú condivisibile. Si scinde in due esperienze irrimediabilmente diverse per l'uno e per l'altra: il soggetto è rimasto legato al momento dell'incontro nella «casa dei doganieri», dove «entrò lo sciame dei tuoi pensieri | e vi sostò irrequieto» mentre lei, presa in un «altro tempo» di cui nulla si conosce, non ricorda piú il luogo «sul rialzo a strapiombo sulla scogliera». Il senso dell'irripetibilità del momento in cui echeggiò «lieto», tra «le vecchie mura», «il suono del tuo riso» risalta nella consapevolezza del divaricarsi di ciò che si credeva comune. Da qui i segni del disorientamento del soggetto («la bussola va impazzita all'avventura») e quelli della corsa inesorabile del tempo («in cima al tetto la banderuola | affumicata gira senza pietà»). Ad essi si tenta di opporre ancora l'illusione di un passaggio che riconduca all'amata e che permetta di riprendere daccapo ciò che è stato: il baluginío della «luce della petroliera» all'orizzonte pare promettere un «varco». Ma il passaggio cosí intravisto s'oscura, l'istante in cui sembrava possibile abbandonare la solitudine svanisce: riassorbiti entrambi, col segno che ad essi guidava, dal frangersi dell'onda sul precipizio che riprende il suo moto senza quiete. Il quale impone al soggetto lirico, giunto al termine dell'esperienza negativa di un ricordo che si misura con l'assenza della memoria altrui, uno scacco ancora piú radicale: un non sapere: «Ed io non so chi va e chi resta». Chi di noi due è rimasto in realtà nella casa dei doganieri? io che sin qui mi sono creduto fedele al ricordo della nostra «sera»? o tu, assente, e forse, proprio per questo, piú vicina di quanto possa esserlo io alla remota autenticità di ciò che abbiamo vissuto insieme?

Oh l'orizzonte in fuga, dove s'accende
rara la luce della petroliera!
Il varco è qui? (Ripullula il frangente
ancora sulla balza che scoscende...).
Tu non ricordi la casa di questa
mia sera. Ed io non so chi va e chi resta.

Sul sistema istituito dal ritorno di immagini e figure, formule e motivi degli *Ossi* e sullo sfondo di un paesaggio ligure che non scompare ancora, ma soltanto retrocede fra le quinte della memoria, emergono con particolare forza le piú rilevanti novità delle *Occasioni*. Alla loro base scelte e moventi illustrati dal poeta nel momento in cui assume il ruolo di critico di se stesso. In *Intenzioni* del 1946, Montale rilevava nella sua prima raccolta un «dualismo fra lirica e commento, fra poesia e preparazione o spinta alla poesia», un contrasto, cioè, tra il discorso della poesia, da un lato, ed elementi ora ritenuti estranei ad essa, dall'altro: la messa in scena della sua origine o la sovraimpressione di un senso e di un pensiero destinato a interpretare situazioni e immagini. Per superare questo dualismo divenne necessario, per Montale, eleggere a obiettivo una poesia che «dovesse contenere i suoi motivi senza rivelarli, o meglio senza spiattellarli»; una poesia, come verrà ribadito in un intervento del '60, «in cui il motivo sia incluso in forma di suggerimento, non però spiegato o commentato in termini psicologici». Per fare ciò bisognava immergere direttamente il lettore, senza preamboli o indicazioni supplementari, nel mondo rappresentato nei versi; assorbire per intero le intenzioni all'origine della scrittura nei suoi «risultati oggettivi»; «esprimere l'oggetto», il testo nella sua compiutezza, e «tacere l'occasione-spinta», il momento soggettivo che lo aveva determinato.

La tendenza a consegnare al silenzio gli antefatti che hanno suggerito motivi e immagini liriche, a nascondere quei particolari che possano rendere riconoscibili situazioni e luoghi muove da un presupposto fondamentale: dalla convinzione, sempre espressa in *Intenzioni*, che sia ormai impossibile mantenere l'antica «barriera fra interno ed esterno»: «Tutto è interno e tutto è esterno per l'uomo d'oggi». Il mondo che ci circonda presenta una consistenza nient'affatto certa, appare, anche per precise ragioni storiche, oscuro e disgregato e ciò che di esso tocca il soggetto non segue i tracciati lineari del tempo e neppure appartiene ad una riconoscibile logica spaziale: viaggia piuttosto per percorsi "occasionali", che fanno sí che ciò che è apparentemente remoto o semplicemente casuale divenga all'improvviso intimo e s'incida come un'acuminata spina nell'interiorità; la quale, a sua volta, può rovesciarsi all'esterno e perdersi nella folla dei particolari del reale, quasi fuggendo da sé in una vertigine senza requie. Sulla base di queste convinzioni che significato può avere fornire in poesia dettagliate informazioni su ciò che l'ha generata o dare notizie che permettano di riconoscere fatti o figure di una realtà peraltro del tutto inattendibile? Non c'è proprio nulla da ri-conoscere, sembra dire Montale. Nel confondersi di interno ed esterno, nel disperdersi del soggetto e della storia, nello svariare senza centro per spazi e tempi, nel dissolversi del senso – trascendente o umano che sia – solo il «gesto» resiste, ovvero l'incontro, «che esprime | se stesso e non altro», tra l'occasione che detta una conoscenza (la misurazione del «vuoto») e la poesia che l'accoglie: «E il gesto rimane: misura | il vuoto, ne sonda il confine: | il gesto ignoto che esprime | se stesso e non altro: passione | di sempre in un sangue e un cervello | irripetuti».

Questa "idea" della poesia e le scelte che la sostengono si riflettono sulle *Occasioni* determinando importanti conseguenze. S'assiste, in primo luogo, a una forte messa in risalto del valore della poesia: al «gesto» che in essa s'incarna e prende forma tocca il ruolo di ultima, aristocratica difesa dello spirito, opposta alla volgarità del fascismo e alla civiltà di massa. A questo aspetto ideologico e alle sue motivazioni storiche si connettono anche elementi di stampo stilistico, come la crescita dell'elemento letterario della lingua montaliana (con uso di termini di nobile ascendenza come *erme* "sculture", *putre* "fetido", *polla* "sorgente", *angui* "serpenti") e l'abbandono progressivo del mobile e variato atteggiamento "sperimentale" degli *Ossi* e delle loro parole quotidiane e dialettali.

La scelta di non fornire al lettore tutti gli elementi necessari a scovare un solo senso nei momenti ambigui della scrittura è pure all'origine della particolare difficoltà di alcuni testi del libro.

La sua "oscurità", che ha ben poco in comune con la ricerca simbolista di significati ultimi e misteriosi (raggiungibili con l'incanto musicale e trasfiguratore della parola), tende a una poesia di pensiero, in cui figure ed emblemi rappresentino non solo la privata esperienza dell'autore, ma il destino umano nella sua totalità: «L'argomento della mia poesia (e credo di ogni possibile poesia) è la condizione umana in sé considerata; non questo o quello avvenimento storico». Da qui la volontà di inserirsi in una tradizione poetica «non realistica, non romantica e nemmeno strettamente decadente, che molto all'ingrosso si può definire metafisica», rappresentata soprattutto da Baudelaire e da autori inglesi e angloamericani: «tutta l'arte che non rinunzia alla ragione, ma nasce dal cozzo della ragione con qualcosa che non è ragione, può anche dirsi metafisica». Dal medesimo presupposto deriva anche il proliferare, nelle *Occasioni*, di *oggetti*: non piú, come negli *Ossi*, «apparenze estratte dalla realtà» (Contini), ma dati emblematici il cui significato risiede nel loro riferimento a taciuti aspetti soggettivi (quanto possono dirci di una persona amata o ricordarci di un evento trascorso, ad esempio). Il dato, minimo e concreto, rappresentato da un oggetto diviene veicolo di un significato piú alto di quello che, nella coscienza comune, gli compete: può illuminare per un istante l'insensatezza del vivere o tramutarsi in uno strumento di salvezza. È quanto si verifica in *Dora Markus* (una poesia in cui si sovrappongono le figure di due ebree austriache, amiche di Bobi Bazlen), dove, di fronte al «veleno» che distilla la «fede feroce» del nazismo e dell'antisemitismo, i banali oggetti che abitano una borsetta assumono un inaspettato valore e suggeriscono una possibile salvezza:

Non so come stremata tu resisti
in questo lago
d'indifferenza ch'è il tuo cuore; forse
ti salva un amuleto che tu tieni
vicino alla matita delle labbra,
al piumino, alla lima: un topo bianco,
d'avorio; e cosí esisti!

Questa poetica dell'oggetto è stata spesso avvicinata (anche se a Montale, in *Intenzioni*, preme sottolineare come sia giunto ad essa «mosso dall'istinto non da una teoria») al principio del "correlativo oggettivo" di Eliot, tradotto e poi conosciuto anche personalmente da Montale. Secondo Eliot le emozioni e le riflessioni in poesia non vanno trasmesse direttamente al lettore, ma vanno taciute e sostituite da un "correlativo oggettivo": un oggetto o una situazione concreta che agisca da equivalente visibile del dato astratto – sentimentale o filosofico – che s'intende comunicare: non, quindi, l'espressione, lirica e immediata, del proprio privato sentire, ma una sua "traduzione" in dati concreti sensibili e realistici, a cui è affidato il compito d'istituire un rapporto in qualche modo universale con il lettore.

Completa risoluzione del pensiero poetico nella rappresentazione, silenzio su particolari psicologici e antefatti, larga presenza e funzione emblematica degli oggetti sono dunque alcune delle maggiori novità delle *Occasioni*. Questi aspetti toccano il punto piú forte di concentrazione formale nella sezione centrale della raccolta: i «Mottetti», venti poesie brevi (in realtà ventuno con *Il balcone* spostato però in apertura di libro) che riprendono, trattandolo molto liberamente, l'antico modulo musicale e letterario designato con questo nome: due strofe brevi concluse con un pensiero espresso in forma sentenziosa. Sono poesie «dedicate», per testimonianza diretta di Montale, «anzi indirizzate per via aerea (ma solo sulle ali della fantasia), a una Clizia che viveva a circa tremila miglia di distanza». Le poesie, che formano, secondo la confessione dell'autore, «un romanzetto autobiografico», presentano «la tipica situazione [...] d'ogni poeta lirico che viva assediato dall'assenza-presenza di una donna lontana, nel caso presente di una Clizia portante il nome di colei che secondo il mito fu mutata in girasole». La sezione assume cosí l'aspetto di un canzoniere dell'assenza, incastonato in un libro a sua volta definibile come «un lungo poema dell'assenza e della separazione» (Contini), e «non solo dell'assenza e della separazione fisica dalla donna amata, ma di un'Assenza e di una Separazione, che per essere dominanti ed esclusive, diventano metafisiche».

Attorno a questo motivo centrale e al ricorrente personaggio di Clizia convergono altre due figure femminili: Annetta, presentata da Montale come «persona morta molto giovane, di una malattia inguaribile», a cui s'ispira *Il balcone*; e la destinataria dei primi tre mottetti, «una peruviana – secondo la testimonianza dell'autore – che però era di origine genovese e abitava a Genova», da identificarsi con Paola Nicoli. Le caratteristiche peculiari della sezione emergono già nel testo d'apertura: senso intollerabile della perdita dell'amata presentata come dispensatrice di «grazia», prospettiva della sua futura e irrimediabile lontananza, ricerca di un suo segno che consenta una possibile salvezza, sfondo cittadino (la zona portuale di Genova con i portici di Sottoripa) che preannuncia con i suoi colori cupi (la «primavera» è «oscura», la sera, il «vespro», diffonde attorno una «polvere» come di cenere) un «inferno» di cui non è possibile piú dubitare:

Lo sai: debbo riperderti e non posso.
Come un tiro aggiustato mi sommuove
ogni opera, ogni grido e anche lo spiro
salino che straripa
dai moli e fa l'oscura primavera
di Sottoripa.

Paese di ferrame e alberature
a selva nella polvere del vespro.
Un ronzío lungo viene dall'aperto,
strazia com'unghia ai vetri. Cerco il segno
smarrito, il pegno solo ch'ebbi in grazia
da te.
          E l'inferno è certo.

La dannazione, che ogni cosa tramuta in offesa per il soggetto (ferito dal «ronzío lungo» che «viene dall'aperto» e colpito, come da un tiro che centra il bersaglio, da ogni azione, grido e perfino dal soffio di vento marino proveniente dai moli), è, nell'assenza dell'amata, condizione non rimediabile. A lenire il dolore della mancanza intervengono però – come improvvise e casuali rivelazioni – figure, oggetti, animali che evocano l'assente o fanno intravvedere, dietro lo «schermo d'immagini» della realtà consueta, un fuggevole suo «barbaglio»:

La speranza di pure rivederti
m'abbandonava;

e mi chiesi se questo che mi chiude
ogni senso di te, schermo d'immagini,
ha i segni della morte o dal passato
è in esso, ma distorto e fatto labile,
un *tuo* barbaglio:

(a Modena, tra i portici,
un servo gallonato trascinava
due sciacalli al guinzaglio).

Tema, origine e antefatto del mottetto sono stati esposti da Montale in un autocommento che, svolto in forma quasi narrativa, ha per protagonista Mirco, controfigura del poeta:

Un pomeriggio d'estate Mirco si trovava a Modena e passeggiava sotto i portici. Angosciato com'era e sempre assorto nel suo "pensiero dominante", stupiva che la vita gli presentasse come dipinte o riflesse su uno schermo tante distrazioni. Era un giorno troppo gaio per un uomo non gaio. Ed ecco apparire a Mirco un vecchio in divisa gallonata che trascinava con una catenella due riluttanti cuccioli color sciampagna, due cagnuoli che a una prima occhiata non parevano né lupetti né bassotti né volpini. Mirco si avvicinò al vecchio e gli chiese: "Che cani sono questi?". E il vecchio, secco e orgoglioso: "Non sono cani, sono *siacalli*". (Cosí pronunciò da buon settentrionale incolto;

e scantonò poi con la sua pariglia.) Clizia amava gli animali buffi. Come si sarebbe divertita a vederli! pensò Mirco. E da quel giorno non lesse il nome di Modena senza associare quella città all'idea di Clizia e dei due sciacalli. Strana, persistente idea. Che le due bestiole fossero inviate da lei, quasi per emanazione? Che fossero un emblema, una citazione occulta, un *senhal*? O forse erano solo un'allucinazione, i segni premonitori della sua decadenza, della sua fine? Fatti consimili si ripeterono spesso; non apparvero piú sciacalli ma altri strani prodotti della *boîte à surprise* della vita: cani barboni, scimmie, civette sul trespolo, menestrelli... E sempre sul vivo della piaga scendeva il lenimento di un balsamo. Una sera Mirco si trovò alcuni versi in testa, prese una matita e un biglietto del tranvai (l'unica carta che avesse nel taschino) e scrisse queste righe [i primi sette versi del mottetto fino a *barbaglio*, seguito dal punto]. S'arrestò, cancellò il punto fermo e lo sostituí con due punti perché sentiva che occorreva un esempio che fosse anche una conclusione. E terminò cosí [vv. 8-10]. Dove la parentesi voleva isolare l'esempio e suggerire un tono di voce diverso, lo stupore di un ricordo intimo e lontano.

La scrittura dei «Mottetti» (e delle *Occasioni*, nel loro insieme) non s'affida soltanto al ricordo o allo «stupore» del riconoscimento dell'amata in figure o oggetti eccezionali che ne evochino la presenza. I lacci della nostalgia sono presto sciolti e alle varie forme del «balsamo» che allevia la mancanza si sostituisce una dialettica piú netta: quella dell'alternarsi di presenza e assenza, di luce e buio, di salvezza e dannazione, di senso e insensatezza. Sullo sfondo del pensiero dominante di Clizia, che apre e chiude il giorno segnando di sé il risveglio del mattino e l'arrivo della notte (XV), si collocano piú soluzioni e motivi: la rassegnata accettazione del proprio destino (con «... ma cosí sia» inizia l'ultimo mottetto) e il bilancio della propria esistenza, risolto, nel confronto con un altro oggetto dell'amata («La vita che sembrava | vasta è piú breve del tuo fazzoletto»), nel possesso dei «pochi fogli» che testimoniano la sua fedeltà a Lei (XX); la tragica e irridente sua sparizione («l'alte porte | rinchiuse su di te e risa di maschere | che fuggivano a frotte») che fa «piú profonda» la notte (XIII); l'attesa del suo arrivo: apparizione assimilata a quella della «fólgore» che si stacca dalla nube e che, come un ente divino, può portare distruzione o salvezza («Nulla finisce, o tutto, se tu fólgore | lasci la nube» X); l'attribuzione di tratti che collocano Clizia al di fuori delle misure del mondo: in una remota lontananza che è possibile solo scrutare o intravvedere seguendo, tra riverberi acceccanti, i suoi segni con lo sguardo del fedele che cerca in cielo il suo dio: «là dove il riberbero piú cuoce | e il nuvolo s'abbassa, oltre le sue | pupille ormai remote, solo due | fasci di luce in croce. | E il tempo passa» (XIX).

Nei «Mottetti» Clizia non è però riducibile a figura che vive nella distanza dal mondo e dal poeta, a oggetto di una venerazione che cresce nell'allontanarsi del suo orizzonte. Nel XII testo della sezione, la presenza della donna angelicata, reduce da un viaggio celeste che l'ha ferita e spossata, si colloca su uno scenario dove la provenienza cosmica si rovescia in ambiente domestico, il remoto nel prossimo, il distacco nella carezza (rappresentata dal gesto d'apertura che, nel contatto tra mano e fronte, unisce il poeta alla donna). Clizia, dormiente inquieta protetta e vegliata da colui che l'ama, è qui *anche* protagonista di un semplice incontro d'amore: oggetto – lei salvifica – della pietà – tutta umana – che il suo fedele le porge sullo sfondo di un esterno, dove spadroneggiano le ombre e dove anche il sole del mezzogiorno è, insieme, vittima e causa del brivido:

Ti libero la fronte dai ghiaccioli
che raccogliesti traversando l'alte

nebulose; hai le penne lacerate
dai cicloni, ti desti a soprassalti.

Mezzodí: allunga nel riquadro il nespolo
l'ombra nera, s'ostina in cielo un sole
freddoloso; e l'altre ombre che scantonano
nel vicolo non sanno che sei qui.

Nelle grandi poesie dell'ultima sezione del libro Clizia assume decisamente un aspetto oltre-umano: «messaggera accigliata» dall'«aperto splendore»; ente angelicato dalla «frangia d'ali» che fa risplendere come un «lampo» le sue «vesti». È portatrice di un senso che conserva, nonostante tutto, il suo valore: invitare all'impegno etico il poeta; esigere la sua vigilanza e la sua devozione; distinguere il bene dal male: il valore dei «pochi» nel confondersi di una massa anonima e stolta: «distruggi le nere cantafavole e vegli | al trapasso dei pochi tra orde d'uomini-capre». In questi versi, tratti dall'*Elegia di Pico Farnese*, risuonano il distacco dalla barbarie collettiva dell'epoca e la sopravvivenza della fede nel primato intellettuale e nella cultura. Negli «uomini-capre» andranno cioè riconosciuti, senza escludersi reciprocamente, sia la folla che si sta avviando alla guerra e alla distruzione dei valori della cultura liberale sia chi è escluso dal privilegio della poesia, dalla sua funzione morale e conoscitiva: coloro, insomma, che non riconoscono Clizia e che sono incapaci di partecipare al suo «splendore».

Di fronte all'incupirsi dei tempi e al profilarsi della tragedia il ruolo e la funzione intellettuale di Clizia crescono sempre piú, acquistando forza morale e perdendo ogni tratto umano o terreno. In *Nuove stanze*, una poesia dal complesso percorso argomentativo scritta nel maggio del '39, alla «tregenda | d'uomini che non sa questo tuo incenso», agli infernali preparativi di guerra, alla «follía di morte» che invade ogni luogo si oppongono la donna-angelo, la sua chiaroveggenza, il suo potere di resistere, connesso al privilegio conoscitivo di cui è depositaria: «Ma resiste | e vince il premio della solitaria | veglia chi può con te allo specchio ustorio | che accieca le pedine opporre i tuoi | occhi d'acciaio». Colui che è unito a Clizia e si riflette nei suoi «occhi d'acciaio» opposti allo «specchio ustorio» che, come la guerra, incendia ogni cosa e accieca le pedine (quelle degli scacchi presenti nella prima parte della poesia ma anche gli uomini degli eserciti), è il solo che può resistere e vincere «il premio della solitaria | veglia»: la solitudine, la lucidità dello sguardo, la veglia come risposta all'altrui torpore morale, la scelta etica in contrasto con la brutalità della storia sono, a un tempo, i termini essenziali del messaggio di Clizia e quanto può consentire al suo fedele di sopravvivere intellettualmente alla catastrofe.

Ma come una luce che scompare o abbaglia, che guida o sfuma nel buio, Clizia detta anche altre rappresentazioni poetiche: segna con la sua figura altri percorsi. I quali conducono o a stremate verità che cadono al di fuori del cerchio della storia o ad allucinate forme della prostrazione dell'io. Presenti, le une e le altre, nelle ultime due poesie delle *Occasioni*. In *Palio*, la penultima, la sempre meno umana Clizia dal «sigillo imperioso» si staglia sulla «balbuzie dei dannati», tiene i suoi occhi fissi «oltre lo sguardo | dell'uomo», consegna al poeta un minimo e triste significato dell'esistenza: la consapevolezza che solo accettando la vita e la sua fine sarà possibile lasciare un segno, morire dignitosamente (in piedi: «alzati»), incidere un «solco» sulla breve superficie del «giorno dei viventi»: «Il presente s'allontana | ed il traguardo è là: fuor della selva | dei gonfaloni, su lo scampanío | del cielo irrefrenato, oltre lo sguardo | dell'uomo – e tu lo fissi. Cosí alzati,

| finché spunti la trottola il suo perno | ma il solco resti inciso. Poi, nient'altro».

Nella poesia che chiude il libro, *Notizie dall'Amiata*, si prospetta una situazione differente. Il testo, diviso in tre parti, rappresenta il soggetto in un interno, una «stanza» dalle «travature tarlate». Qui, mentre «fuori piove», scrive all'amata e attende la sua comparsa in un «quadro» allestito con la consueta tecnica dell'accumulo degli oggetti: «e le gabbie coperte, il focolare | dove i marroni esplodono, le vene | di salnitro e di muffa sono il quadro | dove tra poco romperai». Il miracolo però non si realizza: l'«icona» di Clizia non si «schiude». La realtà esterna si configura, nella seconda parte, come un triste scenario, popolato da «fragili architteture | annerite dal tempo e dal carbone», solcato dal «volo infagottato degli uccelli | notturni», segnato dal «tormento» e dal dolore (anche il «profumo» dei rampicanti «duole amaro»). Di fronte a un paesaggio dove tutto cade (il «cadere di archi, di ombre e di pieghe») la speranza muta obiettivo: non piú il miracolo dell'irruzione dell'assente, ma la rinuncia ad esso, sostituito dall'invocazione al «vento del nord» affinché ritorni «domani piú freddo», cancelli il sogno di un mondo diverso da quello che si ha di fronte, abitui infine alla prigionia del reale: «Ritorna piú forte | vento di settentrione che rendi care | le catene e suggelli le spore del possibile!» Ma come Clizia non compare, cosí anche il vento «tarda»: né salvezza né catastrofe, dunque, né la vera vita dell'autenticità né la prigionia «del senso che non dispera». Mentre la pioggia lenta tramuta anche lo scorrere del tempo in acqua, gli opposti si conciliano a danno e a scherno del soggetto, chiuso allucinatoriamente in una dimensione d'incubo:

Oh il gocciolío che scende a rilento
dalle casipole buie, il tempo fatto acqua,

il lungo colloquio coi poveri morti, la cenere, il vento,
il vento che tarda, la morte, la morte che vive!

Il doppio fallimento (quello della mancata comparsa di Clizia e quello dell'accettazione del presente, a cui il «vento del nord» avrebbe dovuto indurre) determina, nell'ultima parte della poesia, un ulteriore restringersi dell'orizzonte: «Una ruota di mola, un vecchio tronco, | confini ultimi al mondo». Eppure sopravvive una minima possibilità di risarcimento:

[...] Si disfà
un cumulo di strame: e tardi usciti
a unire la mia veglia al tuo profondo
sonno che li riceve, i porcospini
s'abbeverano a un filo di pietà.

Anche nella piú desolata delle sconfitte affiora un simbolo che forse non è di salvezza ma, piú modestamente e poveramente, di un non ancora interrotto rapporto: i «porcospini», che compaiono a «unire» la fedeltà del soggetto – la sua «veglia» – al «profondo sonno» dell'assente («che li riceve» testimoniando cosí ancora la possibilità di un contatto), sigillano, come un emblema da bestiario medievale, la chiusura della poesia e del libro con un segnale di «pietà» che è anche simbolo di un legame («un filo»): precaria difesa alla soverchiante e assurda ripetitività della «morte che vive» e al minaccioso assedio della storia.

Le occasioni «ebbero un esito quasi fulmineo di critica e di pubblico». Queste parole di Montale, consegnate a un intervento del '60, bene illustrano il successo del libro: inizia cosí la fortuna del poeta, favorita, in un primo momento, anche dalla positiva accoglienza ricevuta dalla cultura e dalla critica fiorentina. Nonostante la guerra, nel periodo compreso tra il '39 e il '45, vengono pubblicate da Einaudi cinque edizioni del libro. Perduto il posto al Vieusseux e messo definitivamente in congedo nel '41 per «sindrome neuropsicastenica costituzionale», Montale si dedica soprattutto al lavoro di traduttore, spesso aiutato da amici e amiche che collaborano "segretamente" con lui. Traduce testi narrativi e teatrali spagnoli e inglesi. Nel '42 partecipa con numerose versioni ad *Americana*, l'antologia dei narratori americani curata da Elio Vittorini, e pubblica la prima traduzione italiana di *Billy Budd* di Melville. A novembre la madre Giuseppina muore a Monterosso, dove è sfollata dopo i bombardamenti di Genova. Un breve resoconto di questo difficile momento è in una lettera a Giulio Einaudi: «La mia casa di Genova coi miei libri, è andata distrutta completamente; mia madre (non però in relazione con questo fatto) è morta. Se fosse stata a Genova morivamo tutti con lei. Ora mi sono messo a tradurre per smaltire i vecchi impegni, ma può immaginarsi in quale stato d'animo...»

Gli anni centrali della guerra sono particolarmente duri, segnati dalle traduzioni come unica fonte di guadagno, dalle scadenze editoriali, dalla malattia di Mosca, dai bombardamenti, dagli aiuti prestati ad amici in clandestinità. Non per questo viene meno la poesia: grazie a Gianfranco Contini nel '43 pubblica a Lugano, in centocinquanta esemplari, un fascicoletto di quindici poesie, che confluiranno poi nel terzo libro, *La bufera e altro*. La raccolta (di cui uscirà nel '45 a Firenze, presso l'editore Barbèra, una seconda edizione aumentata) è intitolata *Finisterre*. Il titolo allude (e dell'«argomento apocalittico» della raccolta discute lo stesso Montale nelle lettere a Contini del '43) a una condizione esistenziale e storica, la tragedia del conflitto mondiale, che pare giunta al limite estremo, al confine della vita e della terra (*finis terrae* = fine della terra).

L'ultimo scorcio del periodo bellico e il primo dopoguerra vedono un Montale particolarmente attivo anche sotto l'aspetto della partecipazione civile. Un solo esempio: il 4 novembre 1944 pubblica sulla «Nazione del Popolo» di Firenze l'articolo *Comprendersi*. In esso invita al dialogo «la parte migliore del nostro popolo e il governo che lo rappresenta» e contrappone alla «paura del disordine» che affligge «alcuni ceti reazionari» le richieste essenziali degli italiani: «il libero sviluppo dei partiti e la possibilità d'impostare senza indugi alcuni problemi della nostra futura Costituzione». Ma l'articolo è importante anche perché fa trasparire sia il timore che possa ripresentarsi da un momento all'altro «il trasformismo nostrano [...] tutt'altro che morto» sia la consapevolezza dell'urgenza del momento e del rischio di vanificare gli sforzi sin qui compiuti: «questo bisogna tener presente: che le riforme cominceranno ora o non saranno piú. E avremo domani una democrazia di facciata, non di sostanza: una democrazia per la quale non varrebbe davvero la pena di combattere».

Nel '45 entra a far parte del Comitato per la cultura e l'arte nominato dal Comitato di Liberazione Nazionale; s'iscrive al Partito d'Azione; partecipa alla fondazione del quindicinale «Il Mondo» (e, nella sfera dell'attività privata, inizia a dedicarsi alla pittura, l'altra passione artistica della seconda parte della sua vita). Ma soprattutto riprende un progetto che aveva già coltivato negli anni della guerra: entrare al «Corriere della Sera» e ottenere cosí un impiego che gli assicuri prestigio e tranquillità economica. Grazie ai suggerimenti e ai contatti stabiliti da amici ed estimatori, nel novembre del '45, riesce a ottenere dal direttore del «Corriere», Mario Borsa, un primo risultato: un rapporto di collaborazione col giornale: «Disgraziatamente non posso offrirle alcun posto redazionale, però sarei molto lieto se ella volesse di tanto in tanto, con uno o due articoli al mese, collaborare al "Corriere"». Esito di questo nuovo rapporto sono i numerosi articoli che Montale pubblica, tra il '46 e il '47, sia sul «Corriere d'Informazione» che sul «Corriere della Sera». Il 28 gennaio 1948 viene infine assunto al «Corriere della Sera» come redattore; il nuovo impiego lo costringe a lasciare Firenze e a trasferirsi a Milano.

Capitolo terzo

Milano, *La bufera e altro*

«Io vivo a Milano dal '48; allora avevo 52 anni; perché ho scelto Milano? È una domanda che mi fanno un po' dappertutto, e quando vado a Roma alcuni miei amici sono scandalizzati, hanno una idea strana di Milano. Io ricordo di essere stato accompagnato in auto a Roma da una principessa Torlonia che mi disse: "Dove vive Lei?", "Io sto a Milano". Mi guardò sbigottita, atterrita, con un lampo non dico di sdegno, ma di compianto negli occhi. E poi mi confessò di non essere mai stata a Milano. Ora, in questi casi, io rispondo sempre allo stesso modo: "Io non ho scelto Milano, ma a Milano ho trovato un posto di lavoro che nel periodo fascista non potevo trovare, un posto di lavoro soddisfacente; ed è stato un milanese che me lo ha proposto, Mario Borsa. Per questo sono venuto a Milano"». Cosí Montale spiega, nel '70, le ragioni che lo hanno condotto nella terza e ultima città della sua vita; e prosegue dichiarando i motivi per cui si sente legato ad essa: «io amo questa città; l'amo per l'innegabile senso civico dei suoi abitanti, l'amo perché vivendoci riesco quasi a dimenticarmi di essere in Italia, e non è dir poco. L'amo perché qui il sottobosco politico pseudo-culturale fa poca presa, l'amo perché i miei amici A, B, C,... Z non potrebbero viverci in nessun modo. L'amo perché qui si può vivere senza vedere nessuno, perché qui si può vivere senza essere coinvolti in qualche pericoloso intrallazzo mondano, senza vergognarsi di essere al mondo».

In questa città, «favorevole [...] a chi vuol starsene in disparte finché è possibile», Montale svolge un'intensa attività giornalistica: recensioni, articoli di critica letteraria e d'altro genere, interviste, corrispondenze di viaggio. Nel marzo del '48 è in Inghilterra, dove incontra Eliot («Alto, elegante, già un po' curvo, azzurri gli occhi dietro due spesse lenti, era il tipo di *gentleman* inglese come gli italiani amano raffigurarselo»); a dicembre è a Beirut, dove segue i lavori della III Conferenza dell'Unesco e da dove invia corrispondenze al giornale (poi raccolte, con altre, nel volume *Fuori di casa*). A settembre pubblica, presso le Edizioni della Meridiana di Milano, un'opera che si può senza remore affiancare ai suoi maggiori libri di poesia: il *Quaderno di traduzioni* (di cui uscirà poi un'edizione definitiva e ampliata da Mondadori nel '75). Prevalgono i poeti di lingua inglese e i testi che uniscono alla componente lirica quella riflessiva e che presentano tematiche che torneranno poi nella *Bufera*. È il caso, ad esempio, del motivo dei morti, che ritroviamo nella versione da *The garden seat* (*Vecchia panchina*) di Thomas Hardy:

> Its former green is blue and thin,
> and its once firm legs sink in and in;
> soon it will break down unaware,
> soon it will break down unaware.
>
> At night when reddest flowers are black
> those who once sat thereon come back;
> quite a row of them sitting there,
> quite a row of them sitting there.
>
> With them the seat does not break down,
> nor winter freeze them, nor floods drown,
> for they are as light as upper air,
> they are as light as upper air!

Il suo verde d'un tempo si logora, volge al blu.
Le sue solide gambe cedono sempre piú.
Presto s'incurverà senz'avvedersene,
presto s'affonderà senz'avvedersene.

A notte, quando i piú accesi fiori si fanno neri,
ritornano coloro che vi stettero a sedere;
e qui vengono in molti e vi si posano,
vengono in bella fila e vi riposano.

E la panchina non sarà stroncata,
né questi sentiranno gelo o acquate,
perché sono leggeri come l'aria
di lassú, perché sono fatti d'aria!

Emergono qui, in sintesi, alcuni tratti caratteristici delle traduzioni montaliane: il rispetto della struttura formale dell'originale, la tendenza a evitare le ripetizioni, funzionali in inglese ma non gradite all'orecchio letterario italiano e quindi sostituite da elementi nuovi (vedi soprattutto i vv. 7-8), la sostanziale libertà delle versioni. In alcuni casi l'affinità con gli autori tradotti porta allo scoperto una notevole vicinanza tra i temi affrontati da quest'ultimi e quelli cari al traduttore. Cosí il motivo delle cose «fuor di squadra», risalente agli *Ossi*, si ritrova nella traduzione di *Pied Beauty* (*La bellezza cangiante*) di Gerard Manley Hopkins e quello del vorticoso trascorrere della distruzione sullo sfondo dell'immobilità del reale è mirabilmente rappresentato dalla versione di *The Storm* (*Tempesta*) della poetessa americana Emily Dickinson: uno dei punti piú alti, forse, del tradurre montaliano e della sua libera e concentrata ricreazione degli originali:

There came a wind like a bugle;
it quivered through the grass,
and a green chill upon the heat
so ominous did pass
we barred the windows and the doors
as from an emerald ghost;

the doom's electric mocassin
that very instant passed.
On a strange mob of panting trees
and fences fled away
and rivers where the houses ran
the living looked that day.
The bell within the steeple wild
the flying tidings whirled.
How much can come
and much can go,
and yet abide the world!

Con un suono di corno
il vento arrivò, scosse l'erba;
un verde brivido diaccio
cosí sinistro passò nel caldo
che sbarrammo le porte e le finestre
quasi entrasse uno spettro di smeraldo:
e fu certo l'elettrico
segnale del Giudizio.
Una bizzarra turba di ansimanti
alberi, siepi alla deriva
e case in fuga nei fiumi
è ciò che videro i vivi.
Tocchi del campanile desolato
mulinavano le ultime nuove.
Quanto può giungere,
quanto può andarsene,
in un mondo che non si muove!

A partire dal '48 Montale, per certi versi, realizza i desideri espressi anni prima in una lettera a Solmi del 16 settembre 1929: «Avrei bisogno di vivere, di viaggiare e di maturare nuove esperienze; e chi può farlo?» Adesso il momento è giunto: nel periodo compreso tra il '49 e il '55 Montale, che nel frattempo si trasferisce, nel '51, con Mosca nella casa di via Bigli 11, è in Svizzera per la Conferenza europea della cultura (dicembre '49); partecipa all'inaugurazione della linea aerea Roma-New York-Roma (luglio '50); è a Strasburgo per seguire i lavori del Consiglio d'Europa (agosto '50); compie viaggi in Bretagna (settembre '50), Provenza, Spagna, Portogallo (giugno '54), Normandia (agosto '55); è piú volte a Parigi, dove, nel '52, legge la conferenza *La solitudine dell'artista* e dove incontra e intervista scrittori e artisti (aprile '53). La sua produzione giornalistica è intensissima e s'arricchisce, a partire dal '54, degli articoli di critica musicale per il «Corriere d'Informazione» (un incarico che durerà sino al '67).

Al catalogo delle «nuove esperienze» invocate vent'anni prima s'aggiunge, il 10 gennaio 1949, l'incontro con la giovane poetessa Maria Luisa Spaziani che condivide con lui interessi e passioni. Nonostante questo il desiderio di fare della nuova amica la compagna della sua vita non si realizza. Montale ritorna rapidamente all'ordine quotidiano, scandito dal lavoro giornalistico, dalla scrittura poetica, dalla vita con Mosca, dai soggiorni estivi a Forte dei Marmi. Ma il distacco dalla Spaziani non è definitivo: la giovane amica diviene un personaggio della sua poesia col nome di Volpe e la destinataria di un fitto carteggio, che, «basato su un affettuoso legame e soprattutto su un sodalizio letterario che implicava collaborazioni di vario genere» (Marcenaro), durerà fino al 1970. Sia pur trasfigurate dalla scrittura, le figure e le vicende, personali e storiche, delineate fin qui si riflettono nel terzo grande libro montaliano, *La bufera e altro*, pubblicato nel 1956 dall'editore Neri Pozza di Venezia e, l'anno dopo, da Mondadori.

«Considero *La bufera e altro* come il mio libro migliore sebbene non si possa penetrarlo senza rifare tutto il precedente itinerario. Nella *Bufera* è vivo il riflesso della mia condizione storica, della mia attualità d'uomo». Nel giudizio montaliano del '60 sono riassunti alcuni aspetti essenziali del suo terzo libro e delle sue novità rispetto ai precedenti. Le vicende della storia fanno qui sentire sin dal titolo (che rinvia alla seconda guerra mondiale) la loro eco: il nazismo, le speranze del '45-'46, le delusioni che ne seguirono, il «mondo unificato dalla tecnica» (secondo i termini usati in un'intervista del '51), la divisione del campo politico in due «chiese» («il partito clericale da una parte e il socialcomunismo dall'altra»), la minaccia di una nuova catastrofe che travolga la civiltà occidentale, la sua tradizione e la stessa sua poesia. Il riverberarsi sulla scrittura di questi eventi storici e delle vicende private già descritte fa sentire forse le sue conseguenze già sul piano della composizione del volume. I testi, scritti tra il 1940 e il 1954, sono divisi in sette parti, che, sia pure con alcune eccezioni, seguono l'ordine temporale della loro stesura. Alla distribuzione delle poesie in sezioni ben compatte e fondate su un equilibrato rapporto, che caratterizzava i libri precedenti, subentra ora una loro collocazione in capitoli di varia estensione e tenore che fa assumere al libro un andamento piú mosso e complesso di quello offerto dalle prime due raccolte. Aperta da «Finisterre», *La bufera* prosegue con due brevi sezioni, «Dopo» e «Intermezzo» (che presenta, a variare ulteriormente il profilo formale del libro, due prose liriche). A questo gruppo di testi (i medesimi dell'edizione '45 di *Finisterre*) seguono quindici brevi poesie, «"Flashes" e dediche», che variamente dedicate paiono obbedire alle suggestioni dei luoghi visitati nei viaggi dell'autore. La quinta sezione, «Silvae», propone già nel titolo il variare di toni e motivi caratteristico del volume (l'*altro* che accompagna *La bufera*): si riferisce infatti a un genere della letteratura latina caratterizzato dalla varietà dei contenuti e da temi anche occasionali. A questa parte fanno seguito gli otto «Madrigali privati» dedicati a Volpe e la sezione finale, «Conclusioni provvisorie», formata da due soli testi: *Piccolo testamento* e *Il sogno del prigioniero*.

Le poesie di «Finisterre» completano l'«esperienza petrarchesca» delle *Occasioni*: sono, secondo il giudizio dell'autore, lo «spicchio» che mancava al «limone» raffigurato dal secondo libro. Qui il poeta proietta la figura della donna-angelo «sullo sfondo di una guerra cosmica e terrestre, senza scopo e senza ragione» e s'affida «a lei, donna o nube, angelo o procellaria». Le poesie, «nate nell'incubo degli anni '40-42», presentano Clizia – sono sempre parole di Montale – come una «visitatrice» che «non può tornare in carne ed ossa» e che «ha da tempo cessato di esistere come tale». Di fronte al male della guerra i suoi tratti religiosi assumono un rilievo predominante nell'autocommento dell'autore: incaricata di portare nel mondo il Cristo e la salvezza («inconsapevole Cristòfora» che non ha «altro trionfo che non sia l'insuccesso di quaggiú»), si presenta per «vaghe fantomatiche riapparizioni» che valgono d'«ammonizione» per colui che ne coglie i passaggi sullo sfondo del «perenne inferno terrestre».

Clizia assume però, in questa prima sezione della *Bufera*, un profilo forse piú complesso di quello consegnato dalla posteriore riflessione montaliana: è sí «annunziatrice dell'alba» che transita improvvisa sul «troppo straziato [...] bosco umano» e «tra le guerre dei nati-morti», ma è anche figura cosí remota da provocare nel suo fedele sgomento e fuga. In assenza del miracolo della sua incarnazione, del passaggio del suo valore dal dominio dell'astratto a quello della realtà concreta, Clizia si fa sempre piú estranea al mondo umano dei desideri e della passione. Diviene il termine di una contraddizione, il cui secondo polo è rappresentato, in *Su una lettera non scritta*, dalle figure della vitalità naturale («i delfini a coppie» che «capriolano coi figli»), dalla presenza sulla terra di ciò che, pur da lei diverso, mantiene forza e fascino: «Ben altro è sulla terra». Da qui il timore del soggetto nei suoi riguardi («Muore chi ti riconosce?»), la sua indecisione («Sparir non so né riaffacciarmi») e, infine, la sua fuga: «fuggo | l'iddia che non s'incarna, i desiderî | porto fin che al tuo lampo non si struggono» e, ancora in *Su una lettera non scritta*, «Oh ch'io non oda | nulla di te, ch'io fugga dal bagliore | dei tuoi cigli».

Il fatto è che, nella *Bufera*, alla donna-angelo non si può attribuire un solo significato o una sola funzione che valgano una volta per tutte. A seconda dell'epoca della composizione delle poesie, delle suggestioni e delle urgenze storiche e private che ne sono all'origine, del variare delle figure femminili che transitano nel libro, assume ruoli diversi. Ecco, in sintesi, un catalogo dei suoi possibili valori:

– figura, ancora vicina ai temi delle *Occasioni*, che coincide in parte col valore della poesia e della cultura quale privilegio e difesa da opporre alla barbarie dei tempi;

– figura religiosa, che, intermediaria tra l'uomo e la divinità e portatrice di salvezza universale e di valori anche morali e civili, va incontro, per realizzare il suo compito, alla disincarnazione;

– astratto principio etico del dover-essere inconciliabile con l'umana, troppo umana esistenza del soggetto lirico;

– oggetto di «metamorfosi tenebrose» (Cambon) che l'avvicinano ad acquatici animali minacciosi: le «molli meduse della sera» degli *Orecchini*, dove le mani dei morti la tramutano in una specie di divinità funeraria («La tua impronta | verrà di giú: dove ai tuoi lobi squallide | mani, travolte, fermano i coralli»); il «polipo» di *Serenata indiana*, dove si rivela un suo insospettabile rapporto con il dominio negativo dell'oscurità: «Il polipo che insinua | tentacoli d'inchiostro tra gli scogli | può servirsi di te. Tu gli appartieni | | e non lo sai. Sei lui, ti credi te»;

– figura del «gelo incorruttibile» che, nel suo allontanarsi dalla terra, «sacrifica» alle proprie ragioni un umile «fiore di fosso» (simbolo, tra l'altro, di Firenze) ed elegge a suo emblema il parassita, ambiguo e invernale vischio: «il giglio rosso già sacrificato | sulle lontane crode | ai vischi che la sciarpa ti tempestano | d'un gelo incorruttibile e le mani»;

– protagonista di relazioni con altre figure, con cui intrattiene rapporti di contrasto o di parentela. Rispettivamente con Volpe, anti-Beatrice di una terrestre storia d'amore, e con l'anguilla della poesia omonima (definita sorella di Clizia), dove al fallimento della mediazione tra cielo e terra, tra ideale e storia perseguita dalla donna Cristofora si risponde con la ricerca di un nuovo valore nel "basso": nella vitalità biologica che fa sí che l'esistere continui anche al di là della morte.

La varietà dei ruoli fin qui censiti prende forma in alcune delle poesie piú importanti del libro. Ad esempio, ne *La primavera hitleriana* Clizia è figura d'amore che tocca sia l'esistenza degli uomini che il piano universale di Dio. La poesia, portata a termine nel '46, muove da un fatto storico: la visita di Hitler a Firenze nel maggio del 1938. Il dittatore tedesco è presentato come «un messo infernale» che passa «a volo» per le strade della città e viene accolto in un teatro «pavesato di croci a uncino». Il tema è quindi esplicitamente politico: il trionfo del male raffigurato dal nazismo, la responsabilità di coloro che con acquiescenza e conformismo lo hanno reso possibile (i «miti carnefici che ancora ignorano il sangue»). La consapevolezza che «piú nessuno è incolpevole» tramuta l'evento in orrore generale: una lugubre festa, un ballo indecente («un sozzo trescone») che paiono rendere vana la presenza di Clizia. Nonostante questo, c'è ancora la possibilità di un riscatto, che solo la donna-angelo può portare a compimento: il sacrificio con cui, distruggendo se stessa e il proprio amore personale, si riunisce all'amore di Dio e, adempiendo alla stessa funzione del Cristo, realizza cosí una salvezza «per tutti». Non piú, quindi, la ricerca di un privato riparo, nella separatezza del rapporto tra il soggetto e l'amata, ma un annullarsi nel divino che annuncia una rinascita civile e morale per l'intera umanità:

> [...] Guarda ancora
> in alto, Clizia, è la tua sorte, tu
> che il non mutato amor mutata serbi,
> fino a che il cieco sole che in te porti
> si abbàcini nell'Altro e si distrugga
> in Lui, per tutti. Forse le sirene, i rintocchi
> che salutano i mostri nella sera
> della loro tregenda, si confondono già
> col suono che slegato dal cielo, scende, vince –
> col respiro di un'alba che domani per tutti
> si riaffacci, bianca ma senz'ali
> di raccapriccio, ai greti arsi del sud...

Il destino e la missione di Clizia, la quale (come illustra il verso dantesco riportato) non muta, pur cambiando nel tempo e nella storia, il proprio amore, coincidono con la tensione ad annullare, in un bagliore, il suo «cieco sole» (il suo amore personale e segreto) nell'Altro. Solo cosí i suoni nefasti che accompagnano i «mostri» al diabolico convegno notturno (la «tregenda») potranno confondersi con un altro suono, di diversa e opposta natura: quello che scende dal cielo sulla terra per vincere il male e annunciare un'alba futura che, priva d'orrore (di «raccapriccio»), rispunti finalmente per tutti gli uomini. È questo, nella storia della poesia montaliana, «un momento eccezionale che non si ripeterà [...] Non ritroveremo piú nel Montale di poi un cosí sicuro rapporto religioso con l' "Altro". Non ritroveremo una fiducia cosí convinta in "un'alba di pace"» (F. Croce).

La funzione religiosa di Clizia può compiersi quindi a una sola condizione: distruggersi, disincarnarsi, entrare in una dimensione che sta al di là del tempo. Non è piú possibile rivederla come in passato. I suoi ritorni appartengono ora a un'altra storia: quella del perpetuo sacrificio, in cui, come recita la chiusura di *Iride* (del '44), l'opera sua è soltanto una parte dell'opera divina: «Ma se ritorni non sei tu, è mutata | la tua storia terrena, non attendi | al traghetto la prua, || non hai sguardi, né ieri né domani; || *perché l'opera Sua* (che nella tua | si trasforma) *dev'esser continuata*».

L'ipotesi di una mediazione tra cielo e terra, rappresentata da Clizia-Cristofora, non regge a lungo, complici anche le disillusioni del dopoguerra e il processo di gelida astrazione, di rigore metafisico, di incolmabile distanza in cui la donna-angelo è attratta e coinvolta. In un testo di poco posteriore a *Iride*, *Ballata scritta in una clinica*, s'affacciano nuove soluzioni, principi diversi, un'altra morale e un'altra religiosità. Qui figura centrale è Mosca, inferma a letto nella Firenze assediata:

Nel cavo delle tue orbite
brillavano lenti di lacrime
piú spesse di questi tuoi grossi
occhiali di tartaruga
che a notte ti tolgo e avvicino
alle fiale della morfina.

Già il tono, quotidiano realistico attento ai particolari piú minuti, indica un sensibile mutamento di rotta e d'obiettivo. Di fronte all'«iddio taurino», che, secondo la testimonianza dell'autore, simboleggia la guerra e il nazismo, s'invocano ora non i principi assoluti e trascendenti di Clizia, ma «il Dio che colora | di fuoco i gigli del fosso», nume che vigila stavolta sulla fedeltà alle cose concrete, sui legami affettivi della quotidianità, sull'adesione alla vitalità dell'esistere, riscoperta proprio «nel solco dell'emergenza», di fronte alla «porta stretta» della fine. Chiamato a rappresentare questo minimo, ma tenace sistema di valori è «il bulldog di legno» «messo sul comodino» da Mosca: oggetto in chiusura di un'identificazione col poeta, che «all'enorme | presenza dei morti» (le vittime della guerra ma anche i propri cari perduti) rivolge il suo lamento: rifiuto dell'orrore della scomparsa e fedeltà a un legame che sopravvive nel ricordo e nell'affetto: «Con te anch'io m'affaccio alla voce | che irrompe nell'alba, all'enorme | presenza dei morti; e poi l'ululo | | del cane di legno è il mio, muto».

Nella *Bufera* entrano cosí, accanto alla tematica alta e religiosa, ai simboli della donna-angelo e del volo, ai motivi d'ispirazione morale e civile, anche quanto appartiene invece – semplicemente e tenacemente – alla «vita di quaggiú». Il miglior commento a quest'ultima e a ciò che la connette (come nella *Ballata*) ai «casi "d'emergenza", nei quali tutto sembra rovinare» è offerto da Montale in un articolo del '46 (*Il mondo della noia*): «per l'uomo posto di fronte al nulla o all'eterno non esiste, non è pensabile che una sola possibilità, tangibile, evidente, infinitamente cara quanto piú è prossima a sfuggire: la vita di quaggiú, la vita stessa che abbiamo visto, conosciuto e toccato con le mani fin dai primi anni dell'infanzia». Questo motivo terreno, legato ai dati concreti dell'esistenza – ciò che si vede, si conosce, si tocca – genera, a sua volta, varie soluzioni tematiche. Tra esse la ricerca, nel "basso" stavolta, di un principio di durata all'interno dell'inospitale condizione umana e in una realtà sociale in cui la stessa poesia, agli occhi dell'autore, non pare avere piú posto. Questo principio ha la sua piú netta rappresentazione ne *L'anguilla* (del '48): celebrazione ed elogio della forza biologica della vita e dell'amore: dell'«anima verde che cerca | vita là dove solo | morde l'arsura e la desolazione». «L'anguilla, torcia, frusta, | freccia d'Amore in terra» è chiamata a esemplificare il valore di una vitalità primaria che permette a ciò che è di durare oltre la morte: anche quando tutto pare, come un ramo seppellito, avviarsi alla dissoluzione, oscurarsi e «incarbonirsi», non si è di fronte a una vera fine, ma a un ricominciare, a un altro inizio: «la scintilla che dice | tutto comincia quando tutto pare | incarbonirsi, bronco seppellito». Come ne *Il gallo cedrone* (che segue di un anno a *L'anguilla*), dove l'animale colpito dal «breve sparo», trova nel «limo» nuova sorgente di vita (le sue «uova [...] divine» sono un'eredità in grado di scavalcare la morte come «la gemma | delle piante perenni» che «luccica al buio»), cosí qui «i paradisi di fecondazione», a cui si dirige nel suo lunghissimo viaggio l'anguilla, indicano un valore e una possibile salvezza: la fedeltà alle forze istintive della natura, ai percorsi biologici che uniscono l'individuo alla specie, chi è stato a chi sarà. Anche nel suo spostamento dall'alto verso il basso, la montaliana ricerca del Valore non abbandona però Clizia. Attraverso la messa in rilievo di un tratto comune all'animale e alla donna (l'«iride», che è anche altrove elemento distintivo di Clizia), il poeta apparenta la prima alla seconda, quasi a voler dire che il ritorno della donna-angelo e della poesia che rappresenta può avvenire soltanto nel «fango» che lei ora condivide con gli uomini e con un animale dall'ibrida natura e dall'umile ma tenace pulsione d'amore: «l'iride breve, gemella | di quella che incastonano i tuoi cigli | e fai brillare intatta in mezzo ai figli | dell'uomo, immersi nel tuo fango, puoi tu | non crederla sorella?»

L'esplorazione poetica della «vita di quaggiú» non si svolge però sempre al fianco di Clizia. Il caso dell'*Anguilla* è, per certi versi, un episodio eccezionale per la sua congiunzione della donna-angelo e delle ragioni della terra e della vita. In numerose poesie della *Bufera* aperte alla realtà della passione o dei sentimenti, la sua figura arretra sullo sfondo o interviene come una voce a margine o è addirittura congedata. La sua fuga nell'«oltrecielo» lascia il soggetto abbandonato a se stesso ed è all'origine del suo addio: «è l'oltrecielo | che ti conduce e in cui mi getto, cèfalo | saltato in secco al novilunio. | Addio». Da qui un momento di trapasso e la scelta di altri personaggi e figure. Il passaggio è chiaramente indicato in questi versi, in cui ci si distacca dai segni di Clizia (il «sole») e dalla sua freddezza intellettuale per volgersi al dominio dell'oscuro e delle pulsioni: «ho amato il sole, | il colore del miele, or chiedo il bruno, | chiedo il fuoco che cova».

La nuova tematica – un amore che non esclude la fisicità e la passione – s'incarna nel personaggio di Volpe e nei «Madrigali privati» a lei dedicati. In questa sezione prevalgono, in antitesi con il dominio aereo e luminoso di Clizia, i luoghi oscuri (la «caverna», i «pozzi limosi», la «grotta», la «tana») e i segni della passione («la brace che in me stride»); i termini angelici sono riletti secondo cadenze quotidiane: «quando dissi "pedala, | angelo mio!" e con un salto | il tandem si staccò dal fango»; l' "occasione" stessa che sta dietro al soprannome della donna non è taciuta, ma detta a chiare lettere e accompagnata da numerosi particolari che fanno da sfondo agli incontri col poeta:

Se t'hanno assomigliato
alla volpe sarà per la falcata
prodigiosa, pel volo del tuo passo
che unisce e che divide, che sconvolge
e rinfranca il selciato (il tuo terrazzo,
le strade presso il Cottolengo, il prato,
l'albero che ha il mio nome ne vibravano
felici, umidi e vinti).

Nei «Madrigali privati» si ripresentano alcuni tratti tipici del lirismo: il costituirsi di un rapporto tra l'*io* e il *tu* fondato sull'esclusione degli altri (definiti «ciechi» perché incapaci di vedere «il presagio | della tua fronte incandescente»); l'elogio della figura dell'amata (la «tua vita aperta, amara, | atrocemente fragile e pur forte») e le tonalità (forse eccessive) della sua glorificazione: «quel forte | e morbido tuo labbro che riesce, | nominando, a creare». Questi ultimi versi mostrano, inoltre, come qui Montale pieghi disinvoltamente il repertorio dei temi e delle figure religiose, destinati prima a dar segno di argomenti elevati, alla raffigurazione di "private" e concrete passioni. È un precipitare nel quotidiano, nel particolare, nel cerchio inglorioso della stentata onnipotenza dell'io che si fa Dio: non piú il «per tutti» annunciato da Clizia nella *Primavera hitleriana*, ma la consapevolezza che il «dono» (la conquista di un valore che dia senso all'esistenza) è un fatto esclusivamente personale, aristocraticamente incondivisibile:

Resto in ginocchio: il dono che sognavo
non per me ma per tutti
appartiene a me solo, Dio diviso
dagli uomini, dal sangue raggrumato
sui rami alti, sui frutti.

Questi versi conclusivi di *Anniversario*, l'ultima poesia della sezione, indicano come l'allontanarsi dall'alto e dai simboli del sacrificio cristiano (il «sangue raggrumato | sui rami alti») si traduca in uno smacco doloroso: sia la speranza della salvezza collettiva impersonata da Clizia che la ricerca di un biologico principio d'amore (pur esso, nel profondo, appartenente a «tutti»), simboleggiato dall'anguilla, vengono meno e cedono il posto a un pessimismo radicale che assume la forma del consuntivo, del bilancio di un'esistenza. Esso è affidato ai due testi che compongono l'ultima sezione del libro: *Piccolo testamento* del '53 e *Il sogno del prigioniero* del '54; due poesie in cui Montale torna a rivolgersi a Clizia, unendo alla riflessione sulla sorte individuale motivi civili e politici. Nella prima, il resoconto del proprio lascito, l'oggetto del testamento (una «traccia madreperlacea di lumaca | o smeriglio di vetro calpestato») è, da un lato, difeso con orgoglio («Giusto era il segno: chi l'ha ravvisato | non può fallire nel ritrovarti») e, dall'altro, è contrapposto alla storia: ai due partiti di massa del dopoguerra (la Dc e il Pci) e alle loro ideologie: quanto di notte «balugina» nel pensiero del poeta «non è lume di chiesa o d'officina | che alimenti | chierico rosso, o nero». La rivendicazione, insieme, della propria dignità (coincidente, in ultima analisi, con la poesia) e del distacco dalla società del tempo e dai suoi schieramenti politici, è posta sullo sfondo di un'apocalissi imminente: ciò che si lascia a «testimonianza» di sé (ancora un'«iride», memoria «d'una fede che fu combattuta, | d'una speranza che bruciò piú lenta | di un duro ceppo nel focolare») non potrà resistere a quanto sta per scatenarsi. Si prospetta infatti qui un'altra "bufera": una catastrofe ben peggiore di quella che s'è appena conclusa. Annunciata da una figura infernale, può abbattersi da un momento all'altro sulla civiltà dell'Occidente (rappresentata con i fiumi di tre sue metropoli) e travolgere, con essa, tutto: la poesia, il soggetto, il suo lascito per Clizia, Clizia stessa. Quando «un ombroso Lucifero scenderà su una prora | del Tamigi, del Hudson, della Senna | scuotendo l'ali di bitume semi- | mozze dalla fatica, a dirti: è l'ora», non si potrà piú fare affidamento su quel poco a cui si riduce l'eredità del poeta: quanto resta del suo fuoco perduto («cenere» o «cipria») non è «un portafortuna» che possa «reggere all'urto dei monsoni». Di fronte alla catastrofe incombente, al soggetto rimangono soltanto: un monito o una sentenza che identifica i contrari («persistenza è solo l'estinzione»: il durare è nel bruciare, il sopravvivere nel consumarsi dal momento che «una storia non dura che nella cenere»); «una rivendicazione personale aristocratica e persino spietata» (Luperini): «ognuno riconosce i suoi»; e un moto d'orgoglio, in cui persona e poesia si saldano in una sola figura: «l'orgoglio | non era fuga, l'umiltà non era | vile, il tenue bagliore strofinato | laggiú non era quello di un fiammifero».

I riferimenti alla cronaca storica e politica sono anche nel *Sogno di un prigioniero*, dove Montale finge che a parlare sia un prigioniero all'interno della sua cella. «La purga» e l'odore di «bruciaticcio» proveniente dai «forni» rimandano alle persecuzioni dello stalinismo e alle vittime dei nazisti. Ma le allusioni ai dati della storia contemporanea sono trasferite su un piano piú ampio. In altri termini: la prigionia è anche dell'uomo nella civiltà d'oggi, dominata dalla «nuova barbarie» della meccanizzazione e dalla perdita dell'individualità (argomenti su cui Montale torna piú volte nei suoi scritti giornalistici) ed è propria – come si è visto dagli *Ossi* in poi – della sua situazione esistenziale, al di là di ogni fatto storico o evento politico: «La purga dura da sempre, senza un perché». A partire da qui Montale descrive, con toni di forte concretezza realistica, un cosmo carcerario, dove è consentito salvarsi solo a patto del tradimento e dell'autocritica (l'«obiurgare se stessi»):

Dicono che chi abiura e sottoscrive
può salvarsi da questo sterminio d'oche;
che chi obiurga se stesso, ma tradisce
e vende carne d'altri, afferra il mestolo
anzi che terminare nel *pâté*
destinato agl'Iddii pestilenziali.

Sullo sfondo dell'imperio delle divinità del male, che rappresentano, insieme, l'oscura tirannide che sovraintende all'esistenza e i concreti poteri della ferocia storica (come le autodenunce dell'epoca staliniana, di cui è ravvisabile un riferimento preciso nei versi citati), la condizione del prigioniero è sondata, adottando una prospettiva piú narrativa che tradizionalmente lirica, in tutti i risvolti e le dimensioni che gli sono al momento concesse: reali e possibili: l'orrore che gli è toccato in sorte («un filo d'aria polare, | l'occhio del capoguardia dallo spioncino, | crac di noci schiacciate»); la sofferenza fisica («piagato | dal pungente giaciglio») e psicologica, data dall'alternarsi di riprese e scoramenti («mi sono alzato, sono ricaduto | nel fondo dove il secolo è il minuto»); le minime tensioni alla salvezza, consegnate ormai al passato («ho suscitato | iridi su orizzonti di ragnateli | e petali sui tralicci delle inferriate»); l'attesa di ciò che l'aspetta e della parte che dovrà recitare: vittima o carnefice: «e ancora ignoro se sarò al festino | farcitore o farcito». E il sogno, infine, come unica dimensione positiva e come compensazione del male presente: costruzione – analoga, in questo, alla poesia – di una realtà altra da quella vissuta e che anzi dei particolari concreti dell'orrido circostante si serve per allestire una nuova scena: quella – intimamente lirica, stavolta – della devozione per l'amata, della fedeltà a lei e ai suoi valori, dell'onirico e fantastico inseguimento delle sue tracce: «ma la paglia è oro, | la lanterna vinosa è focolare | se dormendo mi credo ai tuoi piedi [...] L'attesa è lunga, | il mio sogno di te non è finito».

Clizia e il vario profilo dei suoi valori, i motivi morali e civili, il cupo fondale della storia, la riflessione sul male e la ricerca dei principi elementari dell'esistere, l'attenzione alla «vita di quaggiú», Volpe e l'amor terreno; tutti questi temi e figure, resi con un linguaggio dalle plurime risorse (dal dantismo a controllatissime aperture al quotidiano) sono indubbiamente tra gli elementi piú rilevanti della *Bufera*. Ma il grande tema del libro, quello che piú di ogni altro pesca nel profondo e ne istituisce la memorabilità, in quanto congiunge, in uno spazio né storico né privato, l'esperienza del poeta a quella del lettore, è il tema dei morti. Esso evoca e rimanda a un mondo perduto, a un paesaggio a cui Montale si sente, come dichiara nell'articolo citato all'inizio di queste pagine, perennemente legato: «resto fedele a un paesaggio che vedo solo in sogno perché i suoi abitanti lo hanno reso irriconoscibile». Del rapporto con quest'ultimo è testimonianza preziosa, nella *Bufera*, la prima parte della prosa *Dov'era il tennis*:

> Dov'era una volta il tennis, nel piccolo rettangolo difeso dalla massicciata su cui dominano i pini selvatici, cresce ora la gramigna e raspano i conigli nelle ore di libera uscita.
>
> Qui vennero un giorno a giocare due sorelle, due bianche farfalle, nelle prime ore del pomeriggio. Verso levante la vista era (è ancora) libera e le umide rocce del Corone maturano sempre l'uva forte per lo «sciacchetrà». È curioso pensare che ognuno di noi ha un paese come questo, e sia pur diversissimo, che dovrà restare il *suo* paesaggio, immutabile; è curioso che l'ordine fisico sia cosí lento a filtrare in noi e poi cosí impossibile a scancellarsi.

Sul luogo del ricordo di questo paesaggio – assoluto, intimamente *suo* e immutabile – fanno la loro comparsa i morti. I quali intrecciano fitti rapporti con gli altri temi dominanti del libro, ne aumentano la ricchezza di senso e di composizione e determinano spesso un diverso atteggiarsi del soggetto, di chi dice "io" nel testo. Un esempio della complessa configurazione di tutti questi elementi è *Voce giunta con le folaghe*, la piú drammaticamente intonata delle poesie dedicate agli scomparsi. All'incontro col padre morto («eccoti fuor dal buio | che ti teneva, padre») il soggetto giunge in compagnia di Clizia. Il padre è colto ancora nel mondo che era suo: nel «sordo fremito | che annunciava nell'alba | chiatte di minatori dal gran carico | semisommerse, nere sull'onde alte»; Clizia, «l'ombra che mi accompagna», invece si presenta subito come appartenente a un'altra dimensione: «ha uno scarto | altero della fronte», «gli occhi ardenti ed i duri sopraccigli»: figura ormai lontana dalle passioni e dalle memorie, è colei «che scorporò l'interno fuoco». Tra Clizia e il padre, «l'ombra fidata e il muto che risorge», si svolge un dialogo da cui l'io è escluso: «si scambiano parole che interito | sul margine io non odo». Il soggetto, sul bordo che separa le due figure del colloquio, è «interito»; termine che significa sí "irrigidito", ma anche, nella sua origine latina, "annientato", "morto", "estinto". L'aggettivo segnala, da un lato, la crisi e la debolezza di un soggetto che altrove, anche di fronte alle forme piú cupe della negatività e del male, ha sempre ostentato la forza della sua parola, e, dall'altro, la sua vicinanza alla condizione dell'estinto in preda allo sgomento suscitatogli dall'ipotesi che di sé neppure rimanga un esile ricordo: «sbigottisce e teme che | la larva di memoria in cui si scalda | ai suoi figli si spenga al nuovo balzo». Tra il padre e Clizia si delinea cosí un contrasto tra il ricordo terreno e il suo superamento, espressi, il primo, dal paesaggio amato (la «rupe», il bagnasciuga, il mare), segno della continuità di padre a figlio, e, il secondo, dal distacco crudele da esso. Cosí, quasi stridula, la voce di Clizia recita la condanna di una memoria che è peccato quando, ripetendo se stessa, finisce per ammuffire («funghisce su sé»):

> [...] Ancora questa rupe
> ti tenta? Sí, la bàttima è la stessa
> di sempre, il mare che ti univa ai miei
> lidi da prima che io avessi l'ali,
> non si dissolve. Io le rammento quelle
> mie prode e pur son giunta con le folaghe
> a distaccarti dalle tue. Memoria
> non è peccato fin che giova. Dopo
> è letargo di talpe, abiezione
> che funghisce su sé...

L'insegnamento di Clizia, opposto all'umana tensione del padre al mantenimento del suo ricordo, determina due risultati: accresce lo spaesamento e l'angoscia del soggetto (le due ombre si confondono tra loro in una dimensione che rifiuta il suo abbraccio: «in un mezzo che respinge | le mie mani») e riconduce il «senso» dell'avventura umana al «vuoto»: il vuoto spazio che «occupammo» alla nascita si ripresenta alla morte e lí si colma di noi, in un percorso in cui il punto d'arrivo e quello di partenza coincidono col nulla:

> Cosí si svela prima di legarsi
> a immagini, a parole, oscuro senso
> reminiscente, il vuoto inabitato
> che occupammo e che attende fin ch'è tempo
> di colmarsi di noi, di ritrovarci...

Per quanto risucchiati dal nulla in un tragitto senza meta, le figure dei morti non sono presenze inerti: non abdicano per intero a una loro possibile funzione. Ne

L'arca si contrappongono alla guerra, al luogo «dove | bollono calce e sangue nell'impronta | del piede umano». La distruzione scatenata dall'evento bellico (la poesia è del '43) spinge il poeta a immaginare il loro ritorno nei luoghi dove sono vissuti: «La tempesta | certo li riunirà sotto quel tetto | di prima, ma lontano, piú lontano | di questa terra folgorata». Come il Noè dell'episodio biblico, il soggetto della poesia protegge gli scomparsi, li porta in salvo nella sua memoria, dichiara, invocandone al contempo l'aiuto, la sua fedeltà ad essi: «La tempesta | primaverile scuote d'un latrato | di fedeltà la mia arca, o perduti». I morti, i cui volti ricompaiono nell'umile cucina dell'infanzia, assumono quindi, in quanto custodi di un valore, una funzione quasi sacra. Sacra, ma non trascendente o cattolica. In *A mia madre*, Montale respinge l'idea dell'immortalità dello spirito: alla madre, colta anch'essa, come il padre, nel paesaggio che fu suo («i clivi | vendemmiati del Mesco»), si rivolge affermando che la sua «spoglia», il suo corpo, non è riducibile a un'«ombra». La via che ora, con la morte, le si apre dinnanzi, libera dall'ingombro cattolico del corpo, non è una vera via di salvezza: ciò che la pone in un paradiso non cristiano – un pagano «eliso» in cui continua a vivere – è, invece, proprio la sua vita trascorsa, quello che lei è stata:

> [...] La strada sgombra
> non è una via, solo due mani, un volto,
> *quelle* mani, *quel* volto, il gesto d'una
> vita che non è un'altra ma se stessa,
> solo questo ti pone nell'eliso
> folto d'anime e voci in cui tu vivi.

È il ricordo, nei viventi, della concreta singolarità degli scomparsi che li tramuta in figure sacre, che ne garantisce un'esile sopravvivenza. Il durare nel tempo dei morti si fonda però anche su altre due ragioni: la loro appartenenza al mondo dell'infanzia e al suo paesaggio e la consapevolezza che la loro sia stata, a differenza di quella dell'oggi, del tempo dell'«appiattimento del singolo nella massicciata del collettivo» (cosí in una prosa del '59), una vita *vera* e autentica. Entrambi gli elementi ritornano ne *L'arca*, dove si sottolinea, isolando in principio di verso l'aggettivo *vivi*, quanto abbiamo appena detto:

[...] i miei morti,
i miei cani fidati, le mie vecchie
serve – quanti da allora
(quando il salce era biondo e io ne stroncavo
le anella con la fionda) son calati,
vivi, nel trabocchetto [...].

I trapassati della *Bufera* non sono dunque leggibili al di fuori del paesaggio in cui abitarono, della prospettiva di chi, ragazzo, li vide muoversi in quei luoghi, del convincimento che la loro esistenza ebbe, *lí* ed *allora*, un senso.

In una prosa lirica (*Il lieve tintinnío del collarino*), che, pubblicata per la prima volta nel '43, avrebbe dovuto entrare (ma ne fu poi esclusa) nella *Bufera*, Montale descrive una casa ligure avvolta in un universo sonoro che passa «dallo sfrigolío intermittente delle ultime cicale al fruscio piú ampio e lontano del mare». Nel testo, ispirato a una visita all'amico Henry Furst, s'incontra questo brano: «in quella casa piena di grandi ombre, in quella riserva di caccia dell'ultima storia che conta, la piú sconosciuta (che non tutto, non tutto andasse in pezzi come le olive stritolate lí dietro, a pochi passi, dal frantoio) la vita era alta, incorrotta, senza compromessi». Ecco, quest'ultima definizione, se trasferita al passato irrecuperabile dell'infanzia, sta forse al centro della rievocazione montaliana dei morti. *Proda di Versilia*, uno dei testi piú intensi del libro, ne è un esempio illuminante. La poesia inizia dichiarando subito con nettezza la natura del rapporto del soggetto con i defunti, il tipo di preghiera che lo lega ad essi, il distacco dal credo cattolico, il gesto con cui chiede il compimento di un'esistenza che rimane senza spiegazione:

I miei morti che prego perché preghino
per me, per i miei vivi com'io invoco
per essi non resurrezione ma
il compiersi di quella vita ch'ebbero
inesplicata e inesplicabile.

Il motivo del ricordo dei morti viene poi svolto mettendo a paragone e in contrasto due mari e due paesaggi: quello del presente, che si dispiega di fronte agli occhi del poeta, e quello dell'infanzia. Il primo è il mare versiliese con le sue spiagge: «cortili di sterpaglie incanutite», «macerie», «case basse», «sole grigio», figure umane malevoli e ostili (nonne dallo sguardo chiuso, «voci irose»). E sabbia: una «sabbia che non nutre | gli alberi sacri alla mia infanzia, il pino | selvatico, il fico e l'eucalipto». Il secondo è il mare ligure: scenario domestico della memoria su cui s'intravvede, «oltre il muro, al lavandino, | care ombre massaggiare le murene» o «altri perduti» che «con rastrelli e forbici | lasciavano il vivaio | dei fusti nani per i sempreverdi | bruciati». Il valore dei «perduti» e del ricordo che ne resta sta nella loro appartenenza a un paesaggio che era, insieme, luogo di una vita ancora umana, tempo ancora misurabile, rapporto ancora familiare con la natura e con le sue figure (i pesci, i topi...):

Anni di scogli e di orizzonti stretti
a custodire vite ancora umane
e gesti conoscibili, respiro
o anelito finale di sommersi
simili all'uomo o a lui vicini pure

nel nome: il pesce prete, il pesce rondine,
l'àstice – il lupo della nassa – che
dimentica le pinze quando Alice
gli si avvicina... e il volo da trapezio
dei topi familiari da una palma
all'altra; tempo che fu misurabile
fino a che non s'aperse questo mare
infinito, di creta e di mondiglia.

Le «care ombre», che hanno vissuto, come il protagonista di *Visita a Fadin*, «in modo umano, cioè semplice e silenzioso», sono gli interpreti della «piú difficile delle virtú»: la «decenza quotidiana». Una virtú, per il poeta, tanto piú necessaria ora, nei tempi della "bufera", delle illusioni svanite, delle fughe delle donne angelicate, del rintanarsi dell'anguilla nell'opaco, del frantumarsi del senso nel mondo contemporaneo. Non troppo diverso, quest'ultimo, dal mare raffigurato in chiusura: «infinito»: senza misure e confini, differenze e ripari; «di creta»: argilloso e viscido come la civiltà odierna dove tutto – sono parole di un articolo del '65 – «è ipotetico, tutto è vero finché è vendibile ed è falso tutto ciò che non fa gola all'uomo economico»; «di mondiglia»: indecifrabile luogo di raccolta dove «le idee [...] scomparse» sono sostituite da scorie, residui, relitti o, come in un articolo del '49, da «armi, oggetti e pensieri dei quali non conosciamo né il perché né la portata».

Capitolo quarto
Il tempo della prosa e *Satura*

Alla pubblicazione della *Bufera*, che suscita reazioni diverse e contrastanti (come l'apprezzamento di Pasolini, che vede nel libro un'importante apertura alla storia o come il giudizio negativo della critica marxista che accusa invece Montale di non «stare al passo con i tempi»), segue un lungo silenzio poetico, interrotto soltanto, nel '62 e nel '66, dalla stampa di due fascicoletti di versi. I motivi di questo silenzio sono schematicamente spiegati dal poeta in un'intervista del '62:

> Prima di tutto ho avuto l'impressione che avendo già pubblicato tre libri, che sono in definitiva tre parti della stessa autobiografia, potevo anche tacere, perché avevo già detto tutto l'essenziale. Poi c'è stata l'inflazione poetica che mi ha intimidito. Essendo presenti sul campo migliaia di poeti nuovi pensavo che bisognasse cedere il proprio posto a loro. E ancora un po' lo penso. Terzo motivo: mi sono messo a scrivere in prosa. Ho composto anche dei racconti che sono stati pubblicati ne *La farfalla di Dinard*. Quarto: l'attività giornalistica non permette questa specie di *otium*, di vacanza interiore, che è necessaria, almeno, a me, per la poesia. Infine, spero di poter fare ancora qualcosa. Non proprio un libro, ma un'appendice, sí.

L'attività giornalistica occupa, in effetti, gran parte del suo tempo. Montale si dedica al suo «secondo mestiere» («quello del produttore di parole stampate» come lo definisce in un articolo del '59) con particolare fervore e pubblica, in questi anni, numerosissimi articoli (di particolare rilievo quelli di critica letteraria e musicale). La sua fama di poeta nel frattempo cresce e s'infittiscono i riconoscimenti: premi letterari, la Legion d'Onore nel '59, la laurea in lettere honoris causa da parte dell'Università di Milano nel '60, il Premio Internazionale Feltrinelli dell'Accademia Nazionale dei Lincei nel '62. Frequenti anche i viaggi e i riconoscimenti all'estero: nel '62 è in Grecia su invito dell'Istituto Italiano di Cultura; nel '64 è, come giornalista, al seguito di Paolo VI nel suo viaggio in Terrasanta; l'anno dopo partecipa, a Parigi, alla celebrazione del settimo centenario della nascita di Dante; nel '67 è ancora a Parigi invitato dall'Istituto Italiano di Cultura e nello stesso anno riceve a Cambridge l'Honorary Degree.

Montale sta insomma conquistando una posizione d'eminenza nel panorama letterario italiano e internazionale. Ciò è confermato sia dalle numerose traduzioni delle sue poesie (in svedese, inglese, tedesco, francese, greco...) sia dai numeri speciali che due importanti riviste di critica letteraria e universitaria («Letteratura» e «La Rassegna della Letteratura Italiana») gli dedicano, nel '66, in occasione del settantesimo compleanno. Alla glorificazione letteraria s'accompagna anche quella istituzionale, sancita, nel '67, dalla nomina a senatore a vita «per avere illustrato la Patria per altissimi meriti nel campo letterario e artistico».

La sua figura ormai dà lustro a iniziative, commemorazioni, convegni: nel '61 è a Trieste per ricordare Svevo nel primo centenario della nascita; nel '65 a Firenze chiude col discorso *Dante ieri e oggi* il Congresso Internazionale di Studi danteschi. Il saggio, per quanto un poco appesantito dai riferimenti alla critica sull'argomento richiesti dall'occasione, offre particolari motivi d'interesse. Nel ripercorrere la storia dell'opera dantesca, Montale enuclea alcuni punti cardinali della propria vicenda poetica: la figura della «donna salutifera»; il motivo del «miracolo» («i miracoli possono essere sempre in agguato davanti alla nostra porta»); la tendenza a presentare la poesia e, piú in generale, i libri di poesia in «forma di racconto»; l'elogio della capacità dantesca «di rendere sensibile l'astratto»; la convergenza con Eliot, con cui condivide il principio per cui «i soprasensi hanno bisogno di un senso letterale estremamente concreto»; la convinzione che «la vera poesia abbia sempre il carattere di un dono e che pertanto essa presupponga la dignità di chi lo riceve». Ma il saggio presenta anche altri due aspetti rilevanti: uno di carattere generale, l'altro di pertinenza privatissima, rovesciata qui, grazie alla mediazione colta dell'evento, in dato pubblico. Il primo è costituito dalla critica del mondo contemporaneo (vero tema centrale della prosa montaliana di questi anni). Dante è letto cioè in contrapposizione al nostro tempo, un'era non piú «moderna», ma «un nuovo medioevo», «fondamentalmente irrazionale», di cui «non possiamo ancora intravvedere i caratteri»: Dante è dunque visto come «estraneo ai nostri tempi» e, in quanto «poeta concentrico», «non può fornire modelli a un mondo che si allontana progressivamente dal centro e si dichiara in perenne espansione».

Il secondo aspetto di particolare rilievo è dato dal riquadro elogiativo dedicato a «Miss Irma Brandeis», convocata in veste di studiosa dell'opera dantesca: a lei e alla sua interpretazione è riconosciuto il merito di farci «sentire quanto sia viva e concreta la presenza di Beatrice in tutto il poema». Qui Montale gioca, per cosí dire, di sponda: parlando della figura reale da cui nacque Clizia e discutendo di Dante, pare alludere a se stesso e offrire un'ulteriore prova – in una situazione saggistica – della fedeltà alla sua ispiratrice; testimoniata, tra l'altro, dalla citazione di versi danteschi («i segni dell'antica fiamma» *Purg.* XXX, 48), interpretabili come l'ennesima dedica alla protagonista di tante sue poesie.

Quando Montale legge queste pagine a Firenze, ha da poco subíto la perdita di Mosca. Dopo il matrimonio col poeta celebrato il 30 aprile 1963, Drusilla Tanzi muore, a distanza di pochi mesi, il 20 ottobre dello stesso anno, lasciando Montale alle cure e all'attenzione di Gina Tiossi, la governante che aveva seguito la coppia da Firenze a Milano. La morte della moglie sarà all'origine della ripresa dell'attività poetica con una serie di testi a lei dedicati e pubblicati in un fascicoletto a tiratura limitata (50 esemplari) nel '66.

Il periodo compreso tra la pubblicazione della *Bufera* e quella, nel 1971, di *Satura*, il quarto libro poetico montaliano, è caratterizzato soprattutto dall'allestimento e dalla stampa di volumi di prosa. Nello stesso anno della *Bufera* esce, da Neri Pozza, *Farfalla di Dinard*; una raccolta di brevi testi narrativi che verrà riedita da Mondadori, notevolmente ampliata (si passa da venticinque racconti a quarantasette) nel 1960. Altre edizioni seguiranno nel '69 e nel '73 con inserimento, rispettivamente, di due e di un terzo racconto. Nella sua edizione definitiva il libro si presenta suddiviso in quattro sezioni. La prima è dedicata ai ricordi dell'infanzia e della giovinezza e alla loro ambientazione genovese e ligure. Nella seconda, che ha per cornice la Firenze tra le due guerre, compaiono singolari figure di snob ed eccentrici letterati; nella terza predominano scene di vita coniugale, rese attraverso i dialoghi tra un protagonista maschile e una figura femminile, in cui non è difficile riconoscere il poeta e Mosca; nella quarta, infine, si registrano, nel presente del racconto, gli spostamenti dell'io narrante per località turistiche, alberghi, caffè.

Le prose del libro, scritte tra il 1946 e il 1953 e nate «a un livello immaginativo che non è piú autobiografia e non è ancora o non è del tutto o non è piú poesia» (Segre), sono leggibili sia come una versione prosaicamente abbassata dei temi incontrati nelle raccolte poetiche sia come testi dalla precisa configurazione autonoma: approssimazioni a un romanzo ipotetico, desiderato e mai scritto. È quanto si desume da un'intervista del '60, dove Montale dichiara: «È vero che avrei voluto scrivere un romanzo: ma non l'ho mai neppure incominciato [...] Ho in me la cellula iniziale, ancora troppo oscura. Qualche approssimazione a pagine di ciò che potrebbe essere un mio romanzo [...] si potranno trovare nella mia *Farfalla di Dinard*».

La parte della raccolta che piú s'avvicina, per unità di luoghi e di tempi e per l'esercizio della memoria che su essi s'esercita, a un impianto di tipo "romanzesco" è la prima (la piú significativa anche sotto l'aspetto linguistico, per la vasta adozione di forme dialettali liguri e di espressioni parlate). I suoi testi si svolgono tutti sotto il segno del ritorno ai luoghi e alle figure del passato: nella *Casa delle due palme*, la visita alla casa paterna e al paese sul mare è per il protagonista Federigo l'occasione per riascoltare «in sé un dialetto che credeva dimenticato»; per rivedere amici d'infanzia e vecchie domestiche («Parlarono familiarmente, senza dirsi di essersi trovati tanto piú vecchi. Parlarono dei vivi, e piú dei morti»); per tentare un bilancio della sua esistenza («Un'assidua e involontaria opera di sradicamento»); per incontrare nella memoria i fantasmi degli eccentrici «signori del vicinato»; per riconoscere il *suo* paesaggio («il botro asciutto, col piccolo sentiero sopraelevato, il ponte rosso, il cancello arrugginito e il viale in salita che portava alla pagoda protetta dalle due vecchie palme»); e per evocare e ritrovarsi infine con i suoi morti (gli stessi, nel medesimo paesaggio, di *Proda di Versilia*):

> Si disse: pochi giorni di villeggiatura coi miei morti: passeranno in fretta. Ma subito pensò con preoccupazione al sapore dei cibi che gli sarebbero stati serviti. Non era un cattivo sapore, ma era *quello*, era il sapore di famiglia che si tramanda di generazione in generazione e che nessuna cuoca potrà distrugger mai. Una continuità che distrutta altrove resiste negli unti dei soffritti, nel fortore degli agli, delle cipolle e del basilico, nei ripieni pestati nel mortaio di marmo. Per essa anche i suoi morti, condannati a un cibo piú leggero, dovevano tornare talvolta in terra.

Qui, dove gli anni, come capita a Federigo, vanno improvvisamente all'incontrario («fu ancora come se trent'anni retrocedessero di colpo») e dove i tempi slittano l'uno sull'altro e i morti si confondono con i vivi, può accadere che un «maturo signore» rifaccia ora la medesima strada di Genova, tenendo ancora per mano la vecchia serva che veniva a prenderlo, bambino, a scuola. È l'invenzione che sta al centro di uno dei piú riusciti racconti del libro: *La donna barbuta*, un testo consegnato per intero alla pratica dell'evocazione dei morti: «Il signor M. sapeva perfettamente di non esser piú un batuso (un monello), non ignorava che la vecchia Maria era morta trent'anni prima [...] Lo sapeva, ma poiché strade e case erano quasi eguali fra l'istituto dei Barnabiti e la sua casa di quarant'anni fa, egli pensava che non fosse pazzesco da parte sua aver evocato in corpo e spirito la defunta guardiana delle sue passeggiate infantili».

L'«ombra tremula e affannosa» di Maria, «mostro angelico e barbuto» che concede ancora la sua «protezione», riconduce il narratore al suo orizzonte primario: quello dell'infanzia e della giovinezza tra Genova e Monterosso, la scena degli *Ossi* e di tanti altri testi posteriori. Ora, però, quanto riemerge dal passato è riletto in polemica opposizione con la civiltà moderna e con i suoi falsi miti. Ne *Il bello viene dopo*, un racconto risolto per intero nel dialogo al ristorante tra una giovane signora e una figura maschile coincidente con l'autore, alla bevanda alla moda (il Manzanillo) prediletto dalla prima, il secondo contrappone gli umili e gloriosi cibi della sua infanzia, gli animali cacciati nelle scorribande per una campagna che dà sul mare. Ne risulta un vero e proprio repertorio di situazioni paesaggistiche, di figure animali, di scorci e ricordi che pervadono la poesia montaliana fin dalle sue origini: il rio fangoso degli *Ossi* («il botro melmoso che passava accanto alla mia casa [...] Serpeggiava, forse si insinua ancora fra rocce e canneti e non si può costeggiarlo che in pochi tratti»); le «piccole anguille giallognole» dal gusto «di fumo e di fango»; il «beccafico» che richiede lunghi appostamenti («Restavamo due o tre ore appostati sotto un pioppo storto, ben protetti dallo stretto corridoio che correva tra la serra delle piante grasse e una siepe di pitòsfori»); l'acqua del pozzo, «tirata su tra il capelvenere e la polvere di calcinaccio», e i limoni «grandi come una noce». A tutto ciò è attribuito il valore della memoria e dell'autenticità che l'interlocutrice del racconto, elogiando il suo Manzanillo, liquida con una battuta: «Dovresti abituarti al Manzanillo [...] Non fa morire, porta via il ricordo di tutto. Dopo saresti come una donna che ha saltato il fosso, che non ha piú paura di nulla. Ma tu vuoi restarci dentro, nel fosso; a pescarci le anguille del tuo passato».

Il presente, rappresentato dal Manzanillo, dalla ragazza che cerca «il lapis per le sopracciglia nella *trousse* di tartaruga», dai frequentatori del ristorante, «tutti sorridenti, felici», è dunque per Montale dimenticanza e superficialità che si abbandona alle mode e che scivola, con movimenti di folle allegria, nel vuoto. Da qui, nelle altre sezioni del libro, il recupero di personaggi inattuali, che nel proprio tempo abitano come in una casa d'affitto senza prendervi mai definitiva dimora: il signor Fuchs «di età e di provenienza egualmente inafferrabili»; il signor Stapps, «sacerdote convinto» e «superstite di una cultura ch'egli sentiva minacciata». Ma da qui, anche, lo sporgersi sull'aldilà (come il passaggio nella morte raffigurato in *Sul limite*) e il ricordo degli scomparsi, la cui presenza accompagna la vita procedendo al fianco dei sopravvissuti: «I miei migliori amici sono morti [...] Li ricordo a modo mio, salendo sul tram, bevendo l'aperitivo; li ravviso nel muso di un cane, nel profilo di una palma, nella traiettoria di un fuoco artificiale».

In questo percorso che unisce in una sola trama i fili sottili del ricordo e quelli ruvidi e polemici del sarcasmo, ci s'affida a forme di comunicazione che l'epoca delle tecniche e della massa ha scancellato dallo scenario delle risorse umane: «un innocente animismo», «la posizione spirituale piú degna dell'uomo e anche la piú logica», che attribuisce «personalità umana a un piccione o magari a una sveglia». L'esistenza si tramuta cosí in un'«arca privata», in un «bestiario» popolato di «cani gatti uccelli merli tortore grilli vermi...», che travalicano – eguali, in questo, ai morti – spazi e tempi per portare allucinatoriamente notizie e ricordi altrove inattingibili. Come la farfalla del testo che dà il titolo al libro e lo chiude: «La farfallina color zafferano che veniva ogni giorno a trovarmi al caffè, sulla piazza di Dinard, e mi portava (cosí mi pareva) tue notizie, sarà piú tornata, dopo la mia partenza, in quella piazzetta fredda e ventosa?»

Su un piano diverso si collocano gli altri due libri di prose degli anni Sessanta: *Auto da fé* del 1966 e *Fuori di casa* del 1969 (pubblicati, rispettivamente da il Saggiatore e Ricciardi e poi, entrambi, da Mondadori). Il secondo raccoglie scritti di viaggio apparsi tra il '46 e il '64, sul «Corriere della Sera» e sul «Corriere d'Informazione». L'uniformità del tono colloquiale, pur di fronte ai vari luoghi visitati (Francia, Svizzera, Medio Oriente, Gran Bretagna, Grecia, Spagna, Portogallo), la rispondenza ai requisiti del resoconto giornalistico, un certo compiacimento nel prender le pose del borghese conservatore e ironicamente distaccato fanno assumere al libro un andamento piano e conversativo, che si svolge ora in «un'impressione di "mugugno"» ora in un atteggiamento mondano e salottiero. Da questo livello, in cui grigiore e scetticismo, ritrosia e senso di superiorità si confondono tra loro, scambiandosi le parti, ci si distacca solo raramente. Questo avviene quando Montale, per effetto di una spinta autobiografica, trova in altri lo stesso suo atteggiamento verso l'esistenza. È il caso dell'elogio del «dandismo inglese», in cui si può agevolmente individuare uno scorciato profilo del carattere e della psicologia dell'autore: «Il dandismo inglese [...] è probabilmente il gesto con cui l'individuo protesta contro la forza schiacciante della natura esterna a noi, e dell'ambiente sociale che ci condiziona; il segno di una disarmonia, di una mancata conciliazione col mondo. È un gesto che implica sfiducia e insieme ottimismo, disperazione e fede nel destino individuale dell'uomo». Il medesimo movente detta, trasferito sul piano sociale, la partecipazione con cui descrive paesi dove riconosce quello che l'Italia non è piú. La "corrispondenza" dal Portogallo, ad esempio, si apre con queste parole: «Il Portogallo è uno dei due paesi latini che il Cielo ha meglio preservato dalla volgarità. (L'altro è la Spagna) [...] qui sopravvive qualche bene che le nazioni poste alla frusta del progresso hanno ormai perduto di vista». L'articolo si conclude con uno dei brani piú intensi di *Fuori di casa*: la descrizione del borgo marino di Nazaré. La lode della dignità con cui il popolo del villaggio portoghese sopporta il proprio destino diviene un quadro visionario di motivi e simboli della maggiore poesia montaliana:

> Questi scugnizzi o *meninos*, che chiedono l'elemosina stropicciando l'indice e il pollice senza grida volgari, senza dir parola, per far intendere che si contentano di un soldino per un tozzo di pane; e questi uomini che accumulano grandi pesci cardinali color sanguinaccio, lunghi polpi occhiuti, murene dai denti di sega, piramidi di ricci e di arselle – non sono gente viva ma spettri che ritroveremo fra i nostri incubi.

Ai "pezzi" dedicati a luoghi e figure della «decenza quotidiana» se ne accompagnano altri che hanno, invece, per obiettivi polemici «la civiltà dei frigoriferi e degli altiforni», le «due opposte correnti ideologiche che tengono il campo», impersonate dall'«uomo economico libero, ma schiavo del denaro e dall'uomo economico sedicente libero ma schiavo dello Stato», il mondo dominato dalla velocità, dove non si ha piú «il tempo di leggere un libro» né «lo spazio per raccogliere quadri o statue» e dove «non si vede quale posto possa occupare l'opera d'arte in quanto oggetto».

Il destino dell'arte e dell'intellettuale nell'epoca dell'industrializzazione della cultura e, piú in generale, la questione della sopravvivenza dell'individuo in una realtà che pare complottare per negarla definitivamente, sono anche gli argomenti centrali di *Auto da fé*. Il libro raduna articoli e saggi di stampo culturale e morale intervallati da alcuni significativi spunti autobiografici. Il titolo di questa raccolta di scritti dall'amplissima escursione temporale (dal '25 al '66) ha un doppio significato, illustrato da Montale in principio di libro: *auto da fé* può essere inteso sia come "atto della fede", dichiarazione genericamente religiosa dei propri principi, sia come il rogo in cui si brucia, in segno d'abiura, il libro che manifesta tale fede.

Nonostante alcuni punti di contatto con *Fuori di casa*, *Auto da fé* presenta maggior ricchezza, complessità e vigore. Ciò è dovuto, in primo luogo, al vasto arco temporale rappresentato dagli articoli raccolti che fa del libro una sorta di storia culturale del suo autore. Il punto di partenza è *Stile e tradizione*, apparso nel '25 sulla rivista letteraria di Gobetti («Il Baretti»). Esso consegna al lettore le idee del giovane poeta al momento dell'esordio. A partire dal rifiuto di una poesia intesa come «solitaria vergogna individuale» (quale era per Gozzano e i crepuscolari), il Montale trentenne punta su una serie di valori, insieme, poetici e morali: lo «sforzo verso la semplicità e la chiarezza, a costo di sembrar poveri»; la «coscienza» e l'«onestà» come caratteri dell'opera letteraria; la difesa della tradizione da reinterpretare secondo i moduli di un «superiore dilettantismo» in grado di tenere a distanza, col suo «lavoro inutile e inosservato», ogni eccesso specialistico: «ci sembrano nella tradizione coloro che riflettendo nell'opera propria i caratteri del nostro tempo complesso e difficile, tendono a un dilettantismo superiore, saturo d'esperienze umane e artistiche». La prima parte del volume dà inoltre conto dell'impegno montaliano nell'ultimo scorcio del conflitto e nei mesi immediatamente successivi. Gli articoli del '45 qui raccolti, mentre sottolineano, sotto l'urgenza del momento, la necessità di «una poesia in cui vita intellettuale e vita morale coincidono indissolubilmente», registrano la consapevolezza delle profonde radici del fascismo appena sconfitto («Finché il sistema che ha reso possibile il fascismo esisterà ancora, sarà sempre possibile il ritorno della malattia») e prefigurano, come si è già visto in precedenza, l'imminente delusione delle speranze che accompagnarono la Liberazione: «stiamo ora attenti che non ne segua una delusione anche peggiore (perché definitiva) di quella che ha fatto seguito al 25 luglio del '43 e che ci ha regalato per quarantacinque giorni, in attesa della vendetta tedesca, un raro spettacolo di vanità e d'incoscienza».

Tono e argomenti mutano negli scritti degli anni successivi. Ne *La solitudine dell'artista* del '52 predomina il timore nei confronti del «progresso meccanico», della «nuova tecnica della comunicazione», della «volgarizzazione delle arti». Il loro affermarsi rende fallimentare il bilancio della cultura umanistica: «Le vecchie arti si direbbero morte, la pittura figurativa sembra impossibile, la musica tonale pare esaurita nelle sue possibilità, la poesia lirica è intraducibile e pressoché incomunicabile». Il futuro dell'arte (ammesso che ve ne sia uno) sta nell'isolamento:

> Ritengo che anche domani le voci piú importanti saranno quelle degli artisti che faranno sentire, attraverso la loro voce isolata, un'eco del fatale isolamento di ognuno di noi. In questo senso, solo gli isolati parlano, solo gli isolati comunicano; gli altri – gli uomini della comunicazione di massa – ripetono, fanno eco, volgarizzano le parole dei poeti, che oggi non sono parole di fede ma potranno forse tornare ad esserlo un giorno.

Queste convinzioni lo inducono a esercitare una continua critica (ora distaccata ora polemica, ma sempre discorsivamente modulata e chiaramente esposta) nei confronti di un'epoca, dove «tutto sembra tendere all'eccitazione e allo spettacolo». Sotto la sua lente, disincantata e ironica, passano via via la pop art, la pittura informale, la musica dodecafonica, le esposizioni della Biennale, i vari *ismi* contemporanei, le avanguardie letterarie, il teatro, l'antiromanzo... Tutti fenomeni che gli paiono «merce»: «effetti nefasti della comunicazione di massa resa possibile dalla nuova civiltà industriale e dalle sue scoperte».

Di fronte agli esiti dell'arte contemporanea, riflesso, a suo parere, di «gente in fuga dal tempo, dalle responsabilità e dalla storia», Montale fa altre scelte: la difesa del romanzo tradizionale e delle sue capacità di recuperare «il senso psicologico che ci unisce al passato»; la sottolineatura del carattere anomalo della poesia, «l'arte piú indifesa» perché incapace di trasformarsi in merce e denaro e quindi dotata di «una sua particolare dignità alla quale le altre arti non sempre possono aspirare»; l'invito alla vigilanza dei pochi che non si lasciano travolgere dal «mondo del *marketing* e delle *human relations*»: «Vivere il proprio tempo restando sull'allarme è tutto quello che può fare oggi chi si fregi e insieme si vergogni – com'è giusto – della screditata e controversa qualifica di intellettuale».

Spunti polemici, atteggiamenti conservatori, forme di autodifesa, elogi della tradizione descrivono un arco ai cui estremi stanno i sentimenti della nostalgia e dello sconforto. Essi sono rappresentati da due articoli che, lontani nel tempo, ben rendono il senso di un passaggio e di una crisi. Nel primo, *Mutazioni* del '49, Montale, dopo aver messo ironicamente sullo stesso piano la decadenza della «villeggiatura», «il calo nel consumo del vino» e lo scarso successo del romanzo, si dedica a una nostalgica celebrazione dell'infanzia e delle sue vacanze, quando villeggiare «voleva dire un viaggio di sei o sette ore, in diligenza o in treno omnibus, per coprire una distanza di pochi chilometri; voleva dire la casa paterna, l'orto, il giardino, l'acqua del pozzo, l'amicizia coi figli del contadino o del manente, la pesca, le notti di battuggia o di pesca alla lampara, l'attesa della caccia, la pulitura dei fucili, la scelta delle borre, dei pallini e delle polveri, l'orlatura delle cartucce, il risveglio col batticuore all'alba del giorno dell' "apertura", mentre i primi spari echeggiavano fra gli uliveti». L'«acceleramento del ritmo della vita collettiva» ha mandato in frantumi quel mondo e «quella vita in tono minore»: «sparirono i fiaschi dalle tavole e si dissolsero anche i generi letterari». Ci si è cosí trovati ad affrontare «fenomeni nuovi con istrumenti vecchi»: «vediamo morire molte cose nascerne molte altre, ma ci sfugge il senso, la direzione del mutamento».

Soliloquio, del '61, ritorna con la memoria ai «primi anni del Novecento», riprende il motivo del viaggio già trattato in *Mutazioni* («I piú lunghi viaggi della mia vita (non piú di una trentina di chilometri) io li ho fatti in diligenza o in uno di quei trenini lumaca che fermavano a ogni casello ferroviario»), ma individua, stavolta, un «senso» nel mutamento del tempo e delle idee, nell'appartenenza dell'uomo all'«universale ingranaggio meccanico». Il risultato è scoraggiante e coincide con la «scoperta» di «una sola legge generale: ogni guadagno, ogni avanzamento dell'uomo è pareggiato da equivalenti perdite in altre direzioni, restando invariato il totale di ogni possibile felicità umana». Le posizioni sostenute, nel '25, in *Stile e tradizione* e anche i principi della resistenza morale (l'isolamento, il vivere «restando sull'allarme») difesi negli anni Cinquanta cedono il passo a uno scetticismo totale: l'uomo, nel momento in cui pare avanzare, retrocede nello stesso istante; le possibilità a sua disposizione non crescono affatto col passare del tempo; nella storia non si intravvede nessun progresso o sviluppo. Basterà un solo passo per giungere, con *Satura*, alla messa in scena del disintegrarsi del reale, all'affermazione della sua insensatezza e inconoscibilità di fronte all'avanzante marea di un presente che tutto sommerge e confonde.

Satura, il libro di versi che, pubblicato nel 1971 da Mondadori, raduna testi composti a partire dal 1964, segna un momento di svolta nella storia poetica montaliana. Secondo quanto indicato dal titolo (dal latino *satura* o *satira*, che a sua volta rinvia a *satura lanx*, piatto colmo di cibi diversi), nella raccolta si mescolano vari toni e motivi: alla riflessione sul senso dell'esistenza, al colloquio con le figure dell'aldilà, al ricordo di personaggi scovati negli angoli della memoria s'intrecciano i resoconti della piú umile quotidianità e gli scatti sarcastici e ironici verso il mondo contemporaneo. Rispetto alle opere precedenti il tono si abbassa vertiginosamente; e la lingua accoglie in massa termini stranieri, parole di derivazione tecnica o specialistica, forme del parlato (da «o.k.» a «un caldo bestiale»). Montale, come aveva scritto per Eliot in un articolo del '65, intona qui i suoi versi a «una musica bassa, apparentemente prosastica, parlata e non cantata».

Dal punto di vista compositivo, il libro presenta, dopo un'introduzione («Il tu») costituita da due poesie, quattro sezioni: «Xenia I», «Xenia II», «Satura I», «Satura II». Le prime due hanno, al pari del libro, un titolo di derivazione classica: *xenia* sono i doni che si fanno a un ospite o a una persona per farsela amica e valgono qui come offerta votiva alla moglie morta. A Mosca sono infatti dedicati i testi di queste due parti: un canzoniere, fondato sul ricordo di viaggi e alberghi, delle «persone inverosimili» che l'hanno conosciuta e capita, degli oggetti che ne hanno accompagnato l'esistenza («L'abbiamo rimpianto a lungo l'infilascarpe, | il cornetto di latta arrugginito ch'era | sempre con noi»). Mosca, «povero insetto che ali | avevi solo nella fantasia», non è celebrata però solo come persona scomparsa a cui si è ancora legati dal vincolo dell'affetto, ma anche come interprete di una sua minima, ma speciale virtú. Sua era la capacità di non fermarsi alle apparenze, di cogliere quanto fossero vani i riti del mondo intellettuale e quanto fosse infondato concedere loro un valore che non meritavano affatto:

> Per gli altri [...] eri un insetto miope
> smarrito nel blabla
> dell'alta società. Erano ingenui
> quei furbi e non sapevano
> di essere loro il tuo zimbello:
> di esser visti anche al buio e smascherati
> da un tuo senso infallibile, dal tuo
> radar di pipistrello.

Mosca dunque consegna, tanto piú ora nella lontananza della morte, un insegnamento: il sistema degli opposti, quello che contrappone, ad esempio, l'autentico all'inautentico o la salvezza alla condanna (che pure erano stati elementi centrali della precedente opera montaliana) e lo schema dei contrari con cui si è soliti interpretare la realtà, si rivelano, entrambi, ora una finzione: «Tu sola sapevi che il moto | non è diverso dalla stasi, | che il vuoto è il pieno e il sereno | è la piú diffusa delle nubi». In questa prospettiva, la condizione umana non appare tanto diversa da quella delle ombre («Ma è possibile, | lo sai, amare un'ombra, ombre noi stessi») e la centralità dell'uomo nel mondo, la sua presenza in esso, lo statuto "reale" di ciò che ci circonda vengono messi radicalmente in crisi. In un'intervista del '65 si legge: «Non sono sicuro che il mondo esista, che la materia esista, che io esista. Non mi stupirei affatto se qualcuno mi dimostrasse che non esiste nulla. Io non credo che ci sia un divenire, un progresso». Che il mondo non coincida con quanto cade sotto i nostri occhi – che appare improvvisamente inesistente – è la convinzione su cui si svolge questa poesia, che al ricordo unisce il dubbio filosofico sull'esistenza stessa del reale:

Ho sceso, dandoti il braccio, almeno un milione di scale
e ora che non ci sei è il vuoto ad ogni gradino.
Anche cosí è stato breve il nostro lungo viaggio.
Il mio dura tuttora, né piú mi occorrono
le coincidenze, le prenotazioni,
le trappole, gli scorni di chi crede
che la realtà sia quella che si vede.

Ho sceso milioni di scale dandoti il braccio
non già perché con quattr'occhi forse si vede di piú.
Con te le ho scese perché sapevo che di noi due
le sole vere pupille, sebbene tanto offuscate,
erano le tue.

Cosa indicano le «pupille offuscate» di Mosca? A cosa fa segno la sua miopia, che si traduce in una "seconda vista" capace di travalicare la superficie delle cose? Non piú, come gli «occhi d'acciaio» di Clizia, ai valori della cultura, della poesia, dell'aristocrazia dello spirito, ma alla minima sopravvivenza in «sottopassaggi, cripte, buche | e nascondigli» e alla coraggiosa accettazione del nulla dell'esistenza. In un mondo che è (come la cantina de *L'alluvione ha sommerso il pack dei mobili*) preda di una marea di «nafta e sterco» in cui ognuno perde la sua identità, Mosca ha dato al poeta, assediato da «una realtà incredibile e mai creduta», la virtú del coraggio: «Anch'io sono incrostato fino al collo se il mio | stato civile fu dubbio fin dall'inizio. | Non torba m'ha assediato, ma gli eventi | di una realtà incredibile e mai creduta. | Di fronte ad essi il mio coraggio fu il primo | dei tuoi prestiti e forse non l'hai saputo». Il presente si configura dunque come il tempo successivo a una catastrofe, a un'alluvione, segno metereologico di un ben piú vasto sfacelo: quello dei valori del passato, in cui la difesa della propria identità era tutt'uno con l'eccellenza del proprio ruolo culturale. Sull'oggi si procede invece come «un vorticare sopra zattere | di sterco», contrapponendo, spesso schematicamente, l'*ora* all'*allora*: se un tempo «ancora si poteva andare, tenersi per mano, | riconoscersi», «ora non c'è neppure | il modo di evitare le trappole. Sono troppe».

In questa condizione fecale e vischiosa, nel passaggio in «corridoi, sempre piú folti | di letame», il poeta ricorre alla parodia e alla satira, predominanti nella terza e quarta parte del libro. Dileggia, in *Fanfara*, mode culturali e intellettualismi contemporanei. Nella serie delle tre poesie di *Botta e risposta* disprezza le folle degli uomini, ridotti a «formiconi sugli approdi», a «butterato | sabbiume di policromi estivanti»; e trasfigura in «pesci» gli interpreti dell'impegno politico e culturale del suo tempo: «Vivo dentro due chiese che si spappolano, | dissacrate da sempre, mercuriali, | dove i pesci che a gara vi boccheggiano | sono del tutto eguali».

Nell'ironico precipitare d'ogni senso, l'autore coinvolge anche se stesso, quasi sfregiando la propria figura e identità d'un tempo: il suo «secondo mestiere» («Vivevo allora in cerca di fandonie | da vendere») e le «parole», materiale della poesia, fatte arretrare alla dimensione primaria del silenzio, precedente al loro scadimento a merce e a morte: «le parole | preferiscono il sonno | nella bottiglia al ludibrio | di essere lette, vendute, | imbalsamate, ibernate». Si presenta qui la tendenza – che sarà poi dominante nelle raccolte successive – all'abbassamento a termini quotidiani della propria produzione passata: i «porcospini», sottratti all'alta funzione simbolica di *Notizie dall'Amiata*, sono colti in un ambito domestico e antieloquente: «Scoprimmo che al porcospino | piaceva la pasta al ragú. |

Veniva a notte alta, lasciavamo | il piatto a terra in cucina»; l'occasione che dettò *Ballata scritta in una clinica* è riscritta, ne *Gli ultimi spari*, in un tono prosastico, dichiarato già in apertura dall'uso dei diminutivi: «Moscerino, moschina erano nomi | non sempre pertinenti al tuo carattere | dolcemente tenace»; il «bagliore» di *Piccolo testamento* si riduce al «fuoco soffocato» del «bagliore dell'accendino»; i personaggi femminili della sua poesia sono radunati, come francobolli del passato, in un catalogo da collezionista: «un ricciolo | di Gerti, un grillo in gabbia, ultima traccia | del transito di Liuba, il microfilm | d'un sonetto eufuista scivolato | dalle dita di Clizia addormentata».

Corrosione parodica del mondo contemporaneo, citazioni "abbassate" della propria storia poetica, soprassalti aristocratici e nostalgie conservatrici sono però anche la premessa di un nuovo configurarsi del soggetto lirico e di diverse soluzioni tematiche. L'io, sulla base dell'impossibilità di definirsi poeta nell'epoca della massificazione, assimila la poesia al mondo sotterraneo degli scarti e dei residui («La poesia e la fogna, due problemi | mai disgiunti») e ne sottolinea il carattere paradossale. In una recensione del '65 agli *Strumenti umani* di Vittorio Sereni, un libro capitale del secondo Novecento, Montale afferma che il poeta d'oggi è «costretto a vivere sul rovescio della poesia» fino ad accettarne «i rischi e le torture e le necessità di mimetizzarsi» nei comportamenti e nei modi di vivere dell'«uomo della strada». Una poesia simile, «che dovrebbe logicamente tendere al mutismo, è pur costretta a parlare. Lo fa con un procedimento accumulativo, inglobando e stratificando paesaggi e fatti reali, private inquietudini e minimi eventi quotidiani, senza dimenticare che nel paesaggio dell'uomo strumentalizzato l'officina e la macchina sostituiscono il già obbligato fondale della natura».

La contraddizione tra naturale tensione al mutismo e costrizione alla parola si risolve, in *Satura*, nella definizione della poesia come «un mezzo parlare»: serie di parole che, estranee al mondo, appena cadono in esso «si guardano d'attorno e hanno l'aria di dirsi: | che sto a farci?» E il poeta, in una situazione simile, non può che fare, per cosí dire, il morto: mettersi «fuori della storia | e in abito borghese» e, quando si sorprende a interrogarsi, nello svanire del «fondale della natura», sulla sorte delle cicale, definire se stesso come estinto, perduto, inesistente: «E, morto solo | chi pensa alle cicale. Se non se n'è avveduto | il torto è suo». In tal modo Montale, nel momento in cui sottolinea a piú riprese la fine di un'epoca, dei suoi valori (creduti unici anche se irrecuperabili) e della storia lirica ad essi connessa, confeziona per sé, con una buona dose d'astuzia letteraria, il ruolo dell'Ultimo Esponente della grande tradizione poetica che sta per chiudersi (la sola possibile, se si tengono a mente i saggi e articoli che abbiamo in precedenza illustrato).

La postazione estrema che qui s'è scelta gli consente un'operazione, per certi versi, definitiva: liquidare i grandi parametri dell'interpretazione del reale e trarre, dal gran lavoro di demolizione cosí compiuto, un'ultima lezione. La prima mossa si realizza in un processo di vanificazione totale: l'immane trambusto della storia e il cumulo delle fatiche umane – passioni e dolori, responsabilità e accuse – si risolvono in niente. Non è, semplicemente, mai successo nulla: «La verità è che nulla si era veduto | e che un accadimento non è mai accaduto». La religione, il tempo, la storia precipitano nel «vuoto universale», triturati sull'ultima sponda di un Occidente che ha patito un diluvio grottesco: «fu | poco piú di un surplus dell'Acqua Alta». Cosí Dio, «il sommo Emarginato, se mai fu» è ormai morto («perento»); è un «regista» che s'è limitato alle prove e non ha mai mandato in scena la "prima" dell'esistenza umana: «è occupato, è malato, imbucato | chissà dove e nessuno può sostituirlo».

La storia, cardine delle concezioni moderne, laiche e progressiste, è oggetto di una critica demolitiva, che le sottrae ogni possibile funzione o insegnamento: «La storia non contiene | il prima e il dopo, | nulla che in lei borbotti | a lento fuoco [...] La storia non è magistra | di niente che ci riguardi. | Accorgersene non serve | a farla piú vera e piú giusta». La negazione della storia comporta anche quella del tempo. Pensare ad esso come ad uno svolgimento unico e lineare, che incrementa nel suo procedere il proprio significato, è una falsificazione; cancellata e sostituita, in *Satura*, da un'idea del tempo che si presenta ora come elemento del tutto relativo (quello che fa sí che appena «un batter d'occhio» ci divida dal personaggio biblico di Rebecca) ora come entità illusoria, il cui unico senso è rinvenibile nel suo movimento distruttivo. Ne *L'Arno a Rovezzano* è paragonato allo scorrere dell'acqua: «I grandi fiumi sono l'immagine del tempo, | crudele e impersonale. Osservati da un ponte | dichiarano la loro nullità inesorabile». Nella stessa poesia però Montale non esclude l'ipotesi che nel tempo e nel dominio dell'«assenza universale» possano esservi istanti eccezionali. Sono quelli in cui la vita «rompe dal suo insopportabile | ordito», raffigurati qui dai momenti in cui l'acqua rallenta la sua corsa nella curva di un canneto o tra il muschio (la «borraccina»), dando l'illusione d'avere una quasi umana coscienza di sé prima di tornare distruzione e fuga:

Solo l'ansa esitante di qualche paludoso
giuncheto, qualche specchio
che riluca tra folte sterpaglie e borraccina

può svelare che l'acqua come noi pensa se stessa
prima di farsi vortice e rapina.

Le possibilità dell'eccezione e dello scarto (a cui dunque non si rinuncia neppure in *Satura*) sono rappresentate dalla nozione dei tempi paralleli: «Non c'è un unico tempo: ci sono molti nastri | che paralleli slittano | spesso in senso contrario e raramente | s'intersecano». Quando avviene il "miracolo" e i tempi diversi s'incrociano aprendo a un'improvvisa «verità», subito però interviene un ente superiore che ripristina i movimenti e «sorveglia | i congegni e gli scambi»: «si ripiomba» cosí «nell'unico tempo»: «Ma in quell'attimo | solo i pochi viventi si sono riconosciuti | per dirsi addio, non arrivederci».

Solo ai «pochi viventi» e al loro improvviso riconoscersi, alla «sola vivente» de *Gli uomini che si voltano*, alla «vivente tra milioni d'incompiuti» di *Botta e risposta II* è concesso l'ultimo privilegio di un senso e di un valore. In un mondo ormai dominato dagli «automi» delle *Occasioni*, dalla «moltitudine di morti» che avvolgeva *Arsenio*, dai vivi-morti di *Incontro* e qui, in *Satura*, dai «nati-morti» di *Niente di grave*, le figure della "vita" s'aggirano quasi sperdute, non rappresentando piú, come in passato, la possibilità di un "oltre", di una trascendenza o, comunque, di una realtà diversa dal «modesto pianeta» che abitiamo, dal suo presente senza scampo. Esse suggeriscono soltanto, come Mosca, una modesta saggezza che alterna scetticismo a cinismo; invitano alla sopravvivenza nonostante tutto (come in chiusura di *Botta e risposta II*: «Nel buio e nella risacca piú non m'immergo, resisto | ben vivo vicino alla proda, mi basto come mai prima | m'era accaduto. È questione | d'orgoglio e temperamento. Sto attento a tutto»); indicano infine, al di fuori del cerchio della ragione e della cultura, una primitiva vitalità fondata sull'esistenza come semplice dato materiale e biologico. È ciò che trasmette al poeta la storia della giovane donna protagonista degli otto testi di *Dopo una fuga*, accolti nell'ultima sezione del libro: una ragazza malata di nervi, seguita con la mente nelle sue fughe in Indonesia, accompagnata in gita, visitata nella clinica dove è ricoverata. Il suo «privilegio», che Montale descrive consapevole dell'impossibilità di parteciparvi, sta nel suo «troppo amore della vita», nel suo non sapere:

Si dice ch'io non creda a nulla, se non ai miracoli.
Ignoro che cosa credi tu, se in te stessa oppure
lasci che altri ti vedano e ti creino.
Ma questo è piú che umano, è il privilegio
di chi sostiene il mondo senza conoscerlo.

«Animale innocente» e «inconsapevole» e, proprio per questo, capace di scavalcare l'«inferno» del reale e di dare, nella sua infinita debolezza, conforto agli altri («E c'ero anch'io, naturalmente, e altri | seccatori per darti quel conforto | che tu potevi distribuirci a josa»), la ragazza istituisce, con la sua «fuga», l'alternativa radicale e incondivisibile della follia, del rifiuto della società, della storia, delle sue artificiose costruzioni.

La «malata» di *Dopo una fuga* è però anche, per il poeta, l'occasione di dar finalmente conto e rappresentazione di un destino diverso dal proprio; di abolire per un istante l'ossessiva e lirica centralità del suo io e dei suoi fantasmi; di dar segno del proprio silenzio su di sé e sulla sua poesia («non te ne parlai», «Non tento di parlartene»); di prendersi il peso e il ruolo dell'«intruso» sull'amaro scenario della sorte altrui. E gli consente, infine, fuor di ogni maniera imitativa di se stesso, di scrivere versi come questi, tra i piú netti e dolenti di *Satura*:

Ora
uscita sul terrazzo, annaffi i fiori, scuoti
lo scheletro dell'albero di Natale,
ti accompagna in sordina il mangianastri,
torni dentro, allo specchio ti dispiaci,
ti getti a terra, con lo straccio scrosti
dal pavimento le orme degl'intrusi.
Erano tanti e il piú impresentabile
di tutti perché gli altri almeno parlano,
io, a bocca chiusa.

Capitolo quinto
La vecchiaia del poeta

A *Satura*, vero e proprio «libro cerniera tra il vecchio e il nuovo» (Grignani), giornali, critica e pubblico decretano subito un ampio successo: articoli specialistici e, soprattutto, le numerosissime recensioni, apparse sulla stampa quotidiana e su quella di "costume", determinano un destino inconsueto per un'opera di poesia: ben quattro edizioni in un solo anno. Sia per il grande pubblico che per gli addetti ai lavori Montale è ormai il poeta per eccellenza del Novecento. In questo periodo gli studi, le indagini, le ricerche erudite s'intensificano a tal punto da costruire una sorta di impalcatura critica attorno a un'opera avviata a tramutarsi in monumento esemplare di ciò che s'intende per poesia. Ne sono prova gli interventi critici apparsi in occasione della pubblicazione di *Satura*. Tra essi, quasi tutti altamente elogiativi, risaltano il saggio di una grande filologa e storica della lingua, Maria Corti, che sottolinea nel libro, anticipando i futuri sviluppi della poesia montaliana, «una nuova e palese componente quasi diaristica [...] attraversata da lampi di ironia e di desolazione»; e l'articolo di Andrea Zanzotto, tra i maggiori poeti contemporanei nonché attento lettore della poesia altrui, che interpreta *Satura* come un «grande testamento», imperniato sull'idea della vita come «detrito». Assai minori, almeno quantitativamente, le perplessità e i dissensi. Il piú argomentato e severo è opera di un altro poeta-critico, Franco Fortini, che coglie in *Satura* un'insopportabile ostentazione, nello spazio della poesia, della figura biografica dell'autore («Il personaggio che parla non è un "io" ma è proprio Montale in quanto autore») e l'evidenziarsi dei limiti della sua ideologia, responsabile di aver tramutato, e cosí nascosto, «il conflitto fondamentale del nostro secolo – quello sociale e politico – » nel «tema "eterno" dello scacco e della incomunicabilità».

Dopo *Satura* Montale s'avvia a una nuova e feconda stagione poetica: la sua produzione di versi, selezionata e accorta nel periodo precedente, si fa ora incessante e quasi quotidiana. Nel giro di pochi anni pubblica, da Mondadori, *Diario del '71 e del '72* nel 1973, *Quaderno di quattro anni* nel 1977 e *Altri versi* nel 1980 (la cui organizzazione interna si deve però ai curatori dell'edizione critica della sua opera). L'amicizia e la relazione intellettuale con la giovane poetessa Annalisa Cima, conosciuta nel '68, sta all'origine di un'altra serie di testi. Affidati alla stessa Cima, saranno pubblicati, dopo la morte del poeta, a partire dall'86 in fascicoletti a scansione annuale (ognuno composto da sei poesie) e poi radunati nel volume *Diario postumo*, edito dapprima nel '91 (con trenta poesie) e infine (con l'aggiunta di altri diciotto testi) nel '96, da Mondadori, in occasione del centenario della nascita del poeta. Una sola rapida nota su questa raccolta: essa, che, al suo apparire, ha determinato varie polemiche sull'autenticità dei testi e sui modi della loro formazione, non appare particolarmente rilevante e aggiunge assai poco al profilo dell'ultima poesia montaliana. Al di là dei problemi filologici che ha suscitato, si presenta come una "coda" anomala, sotto tanti aspetti, dell'estrema stagione del poeta, interpretabile sia come testimonianza umana del rapporto affettivo con chi gli è stato accanto negli ultimi anni sia come burla allestita per prendersi gioco, dall'aldilà, del pubblico e dei critici. Dalla sua lettura emerge la convinzione, come scrive una raffinata interprete dell'opera montaliana, che «la poesia e la prosa del Montale da vivo riservino agli affezionati lettori sorprese e quesiti critici piú interessanti dei tiri mancini da morto» (Grignani).

Parallelamente all'intensa attività poetica, che fa sí che la sua produzione senile sia piú vasta di tutta quella precedente, procede la glorificazione pubblica. Lasciato, nel '73, l'impiego di redattore al «Corriere della Sera», riceve l'anno dopo la laurea in Lettere honoris causa dall'Università di Roma e, nel '75, è insignito del Premio Nobel per la letteratura. Il discorso *È ancora possibile la poesia?* tenuto a Stoccolma il 12 dicembre 1975 al momento dell'assegnazione del premio, è l'occasione per uno scorciato riepilogo della propria esistenza: «Ho scritto poesie e per queste sono stato premiato, ma sono stato anche bibliotecario, traduttore, critico letterario e musicale e persino disoccupato per riconosciuta insufficienza di fedeltà a un regime che non potevo amare». Ma il discorso fornisce anche lo spunto per riprendere alcuni temi centrali della sua riflessione sul mondo contemporaneo e sul destino della poesia: in una «civiltà del benessere» che presenta «i lividi connotati della disperazione» e dove tutto è sottoposto alle leggi dello «spirito utilitario», la vera poesia (quella «lirica [...] frutto di solitudine e di accumulazione») risalta in quanto non-merce: «un prodotto assolutamente inutile, ma quasi mai nocivo e questo è uno dei suoi titoli di nobiltà». Sulla sua sorte futura non è il caso, dice Montale, di fare previsioni: la sua crisi, come quella dell'intero «mondo dell'espressione artistica», «è strettamente legata alla condizione umana, al nostro esistere di esseri umani, alla nostra certezza o illusione di crederci esseri privilegiati, i soli che si credono padroni della loro sorte e depositari di un destino che nessun'altra creatura vivente può vantare. Inutile dunque chiedersi quale sarà il destino delle arti. È come chiedersi se l'uomo di domani, di un domani magari lontanissimo, potrà risolvere le tragiche contraddizioni in cui si dibatte fin dal primo giorno della Creazione (e se di un tale giorno, che può essere un'epoca sterminata, possa ancora parlarsi)».

Col Nobel la fama di Montale tocca il culmine. Ma anche gli anni successivi sono ricchi di pubblicazioni e riconoscimenti: nel '76 esce da Mondadori il volume *Sulla poesia*, che, curato da Giorgio Zampa sulla base di uno schema iniziale dell'autore, propone un'antologia dell'attività critica montaliana: discorsi, prefazioni, autocommenti, recensioni e interviste indispensabili alla conoscenza della sua poesia; nel '77, per il suo ottantesimo compleanno, vede la luce un volume di *Letture montaliane* (Genova, Bozzi), una serie di saggi di critici autorevoli, accompagnata da una raccolta di testi (*I poeti per Montale*) offerti da vari poeti; nell'80, caso raro (all'epoca) per un autore vivente, esce da Einaudi l'edizione critica della sua poesia, *L'opera in versi*, a cura di Gianfranco Contini e Rosanna Bettarini. Un evento, questo, che conferma l'eccezionale prestigio da lui raggiunto nella cultura italiana. È l'ultima, grande, soddisfazione della sua vecchiaia: assistito dalla fedele governante Gina Tiossi, che gli è stata accanto per tutti questi anni, Montale muore a Milano il 12 settembre 1981. I funerali di Stato, solennemente celebrati in Duomo due giorni dopo, sanciscono il ruolo ufficiale assunto dalla sua figura e dalla sua opera nella coscienza del paese e delle sue istituzioni.

I versi delle ultime tre raccolte poetiche pubblicate dall'autore tra il 1973 e il 1980 sono «cosí strettamente fra loro congiunti da potersi considerare un'unica opera» (Luperini). Anche l'assenza di divisioni interne – capitoli o sezioni – che distingue questi volumi dai precedenti, dà loro l'aspetto di un ininterrotto discorso poetico che risponde, almeno apparentemente, alle sole ragioni del "diario", dell'annotazione quotidiana, del foglio o dell'appunto volante. Forme prosastiche e termini del parlato quotidiano, già presenti in *Satura,* dilagano sino ad occupare per intero la pagina. L'autore mira, come dice lui stesso, a un'«arte povera», tendente, per certi aspetti, a cancellare la "forma" stessa della poesia: abolite le sue interne partizioni in strofe, assente spesso la punteggiatura, facili o nascoste dal fluire del discorso le rime.

L'ultimo capitolo della poesia montaliana può essere letto, almeno in prima battuta, come una grande rappresentazione della vecchiaia: dei suoi gesti, riti e pose. La figura che dice "io" affida qui pensieri e impressioni a un monologo continuo che spesso sfocia nel borbottio o nel disgusto. È rappresentato all'interno dello spazio chiuso della casa, davanti al «video», al telefono o in ascolto della «radio delle vicine allevatrici di gatti | e pappagalli» o delle parole della governante Gina. La sua prospettiva è spesso quella dell'orizzonte condominiale, quale si scorge dalla finestra: luogo d'affettuoso contatto con umili volatili cittadini («Ho sparso di becchime il davanzale | per il concerto di domani all'alba») o postazione giudicante sul mondo e la società: «Ignoro se sia festa o macelleria | quello che scorgo se mi affaccio alla finestra». Scrive lettere a chi, morto, non può rispondergli; lamenta la fine delle stagioni («Le stagioni | sono quasi scomparse. | Era tutto un inganno degli Spiriti | dell'Etere»); riprende in mano le foto ingiallite di quarant'anni prima; è alle prese con gli scherzi della memoria senile: «Non ricordo | i miei fatti di ieri, le parole che ho detto o pubblicato | e mi assediano invece ingigantiti | volti e gesti da tempo già scacciati dalla mente». Fa visita al cimitero traendone orrore e sgomento («Mi fa orrore | che quello ch'è lí dentro, quattro ossa | e un paio di gingilli, fu creduto il tutto | di te e magari lo era, atroce a dirsi»); si concede, dall'alto e dal fondo dell'età, opinioni sgradevoli e impietose («il male degli altri non ci interessa»), enuncia le sue ultime verità («Ho scoperto ora che vivere | non è questione di dignità o d'altra | categoria morale. Non dipende, | non dipese da noi») e poi si sorprende, amaro ironico desolato, a meditare (ancora al «davanzale») sulla solitudine della vecchiaia:

Se mi allontano due giorni
i piccioni che beccano
sul davanzale
entrano in agitazione
secondo i loro obblighi corporativi.
Al mio ritorno l'ordine si rifà
con supplemento di briciole
e disappunto del merlo che fa la spola
tra il venerato dirimpettaio e me.
A cosí poco è ridotta la mia famiglia.
E c'è chi n'ha una o due, che spreco ahimè!

Ma l'età ultima dell'esistenza, da cui spesso ci si sporge sull'«oltrevita», è soprattutto una cornice e un punto di vista: una scena su cui si profilano argomentazioni e motivi o su cui irrompono figure e ricordi. Al suo interno riecheggiano i grandi interrogativi di *Satura* (sul tempo, l'origine del mondo, Dio e la vita). Ad essa s'intonano le cadenze con cui si recita il bilancio finale del vivere e dello scrivere:

Raccomando ai miei posteri
(se ne saranno) in sede letteraria,

il che resta improbabile, di fare
un bel falò di tutto che riguardi
la mia vita, i miei fatti, i miei nonfatti.
Non sono un Leopardi, lascio poco da ardere
ed è già troppo vivere in percentuale.
Vissi al cinque per cento, non aumentate
la dose. Troppo spesso invece piove
sul bagnato.

In questa pre-morte – nella regione estrema del poco tempo che rimane – la voce del poeta però non si affievolisce quando si tratta di criticare la società contemporanea. Anzi questo tema, già svolto nelle prose e nella raccolta precedente, è ora ripreso con una decisione e una durezza che non ammettono repliche: il tempo della tecnologia e del consumismo è il «trionfo della spazzatura», dove gli uomini sono «tutti incuriosi e assenti | da sé», prigionieri delle macchine e delle mode, «brulichio d'automi» in una realtà dove «tutto oscilla | come il latte alla portoghese».

Nella *Lettera a Malvolio*, indirizzata (sotto il nome di derivazione shakespeariana) al tipo dell'intellettuale "impegnato" e opportunista, Montale amplia la critica del presente e dell'atteggiarsi in esso degli uomini di cultura, adottando una scansione storica e temporale: il *dapprima* (l'epoca del fascismo), il *dopo* (il periodo successivo alla Liberazione, che si prolunga nell'oggi) e il *domani*. Durante il fascismo non fu difficile «prendere le distanze», assumere le misure giuste per criticare il proprio tempo: «le separazioni erano nette, | l'orrore da una parte e la decenza, | oh solo una decenza infinitesima | dall'altra parte». Dopo venne invece l'età della civiltà di massa e dell'«ossimoro permanente»: il termine retorico, che indica l'accostamento nella stessa espressione di parole che esprimono concetti opposti, segnala la vischiosa confusione e l'indistinzione caratteristiche di un periodo dove «onore» e «indecenza» si strinsero fra loro e dove «il distorto era il diritto». Quella fu «l'ora» di Malvolio e ancora «non è finita». La sua unica regola era ed è la pratica del compromesso: «Con quale agilità rimescolavi | materialismo storico e pauperismo evangelico, | pornografia e riscatto, nausea per l'odore | di trifola, il denaro che ti giungeva». La poesia si chiude con la difesa della propria scelta (mantenere le distanze, non abdicare al dovere del giudizio) e con uno scatto utopico che rovescia il pessimismo sul presente in un «domani» chiamato a riaprire la «partita» e a testimoniare il valore della «fuga immobile» del poeta contro l'affrettarsi di Malvolio: «Lascia che la mia fuga immobile possa dire | forza a qualcuno o a me stesso che la partita è aperta, | che la partita è chiusa per chi rifiuta | le distanze e s'affretta come tu fai, Malvolio, | perché sai che domani sarà impossibile anche | alla tua astuzia».

Ma la «fuga immobile» rimanda anche al «delirio d'immobilità» dichiarato in gioventú. Non è il solo contatto tra l'ultimo Montale e l'autore degli *Ossi*: c'è una forte continuità e un reiterarsi di motivi tra il libro d'esordio e le raccolte della vecchiaia. Ad esempio il tema giovanile dell'assenza d'identità e della sua ricerca si ritrova in questa poesia del *Quaderno di quattro anni*:

Spenta l'identità
si può essere vivi
nella neutralità
della pigna svuotata dei pinòli
e ignara che l'attende il forno.
Attenderà forse giorno dopo giorno
senza sapere di essere se stessa.

La poesia mostra quale trattamento subiscano adesso i temi capitali e antichi della scrittura montaliana. Se un tempo l'aspirazione a una forma, a un'identità erano urgenti e attivi e si ponevano in conflitto con la prigionia del reale, intravvedendo pur sempre in essa varchi e possibilità di realizzazione, ora sono rappresentati nel loro spegnersi: si vive, svuotati di frutto e di futuro, nell'assenza di ogni coscienza di sé, ignorando che il nostro fine è la nostra fine e che il senso è cenere e nient'altro.

Volgersi indietro, recuperare segni e ricordi del passato, pescare sui fondali della memoria o del sogno ciò che è trascorso o perduto è il movimento tematico e compositivo che piú di ogni altro caratterizza quest'ultima stagione. Esso si configura almeno su due livelli. Sul primo si ripercorre la propria storia poetica, si citano suoi brani o figure, si dialoga a distanza con il se stesso d'un tempo. Qui, in sintonia con l'autodenigrazione dell'autore (ora «pirla» ora «buffone»), si assiste spesso a una radicale autocritica o, meglio, a un gesto di derisione e di scherno nei confronti della propria poesia passata quasi a volerne azzerare valore e senso. Le Muse stanno cosí «appollaiate» – inerti mezzibusti di terracotta – in un «intermezzo» indeciso «tra vita e morte»; l'antico privilegio della poesia viene quasi fastidiosamente rifiutato: «Non amo | essere conficcato nella storia | per quattro versi o poco piú. Non amo | chi sono, ciò che sembro»; alla creazione degli «angeli salvifici» si sottrae ogni funzione sublime o sacra, svelando brutalmente la procedura – tutta letteraria e artificiosa – della loro nascita: «se uno falliva | né si reggeva piú sul piedistallo» interveniva subito, «pronta e immancabile», «la sostituta [...] a volte tale | da onnubilare dell'originale | volto falcata riso pianto tutto | ciò che conviene al calco piú perfetto | di chi sembrò vivente e fu nessuno».

Dissolvendo e smascherando si arriva ad attentare al principio stesso che sta all'origine della scrittura: «l'Ispirazione», definita falsa e menzognera:

Ora pare nascosta tra le pieghe
della tenda e ha vergogna di se stessa.
Troppe volte ha mentito, ora può scendere
sulla pagina il buio il vuoto il niente.
Di questo puoi fidarti amico scriba.
Puoi credere nel buio quando la luce mente.

I versi si chiudono consegnando un'ultima credenza: quella nel «buio». Che è sí segno del nulla, ma anche lo spazio che accoglie il formicolare notturno di una vita nascosta e segreta. Il buio indica una verità diversa da quella di Malvolio, dalla «logorrea schifa dei dialettici», ma anche diversa da quella – della cultura, dello spirito, del distacco aristocratico – a cui credeva, un tempo, Montale stesso. È in rapporto con la verità che, sola, abita le case abbandonate: «La verità è nei rosicchiamenti | delle tarme e dei topi, | nella polvere ch'esce da cassettoni ammuffiti [...] La verità è la sedimentazione, il ristagno [...] È una tela di ragno, può durare, | non distruggetela con la scopa». Si giunge cosí a toccare il secondo strato o livello su cui si svolge il viaggio a ritroso del vecchio poeta. Dal passato prossimo della vita matura si slitta nel passato remoto dell'infanzia e della giovinezza, ai loro luoghi e personaggi che, in chiusura di una lunga storia, ritornano prepotentemente in scena. Ciò che li fa affiorare è un meccanismo involontario e profondo, posto in una zona estranea ai domini della scelta, della ragione, della cultura: il «ricordo» che «non è gerarchico» e che «abbuia l'importante, ciò che ci parve tale». Attorno al suo «lucignolo», «il solo che ci resta», s'affollano fantasmi, si resuscitano presenze. Tra esse Annetta risalta piú di ogni altra. Alla «capinera», che aveva «stretto col tempo | un patto d'inimicizia» e che Montale definisce, in un'intervista del '77, il suo «personaggio piú reale e che resiste nel tempo», sono dedicati numerosi testi.

Con Annetta dialoga nell'oltrevita, ripercorre le "occasioni" della sua scrittura, rivede i luoghi che dettarono alcune delle maggiori poesie dei primi libri:

> Perdona Annetta se dove tu sei
> (non certo tra di noi, i sedicenti
> vivi) poco ti giunge il mio ricordo.
> Le tue apparizioni furono per molti anni
> rare e impreviste, non certo da te volute.
> Anche i luoghi (la rupe dei doganieri,
> la foce del Bisagno dove ti trasformasti in Dafne)
> non avevano senso senza di te.

Insieme ad Annetta ritornano luoghi, episodi e personaggi remoti. Il vecchio poeta si rivede cosí, per «lampi che s'accendono | e si spengono», «appena [...] bambino [...] nella pineta | ch'è bruciata da un pezzo» o mentre sale, «col fiato grosso» e con i «manuali scolastici» sottobraccio, «a Circonvallazione» o, «oltre il muro dell'orto», nel «canneto sul mare» ad ascoltare il canto del «merlo acquaiolo». Ritrova nella strada genovese della casa natía due personaggi «storpi ispidi rognosi»: «Se frugo addietro fino a corso Dogali | non vedo che il Carubba con l'organino | a manovella | e il cieco che vendeva il bollettino | del lotto». S'accampano nel ricordo il «tenue bagliore sulla Palmaria», Schiappino, «il figlio del nostro fattore», le cacce autunnali alla punta del Mesco («Nei primi giorni d'ottobre | sulla punta del Mesco | giungevano sfiniti dal lungo viaggio | i colombacci»). Nella sua memoria ritorna a balzare «il cagnetto Galiffa» dei suoi «primi anni» o si riaffaccia l'immagine della «vecchia serva analfabeta e barbuta», che «della vita non sapendone nulla | ne sapeva piú di noi | nella vita quello che si acquista | da una parte si perde dall'altra | chissà perché la ricordo | piú di tutto e di tutti».

All'ultima domanda, che tocca le ragioni del loro ricordo (perché proprio loro, i meno “importanti” ?), si può dare una risposta che sottrae questi personaggi e momenti al ruolo di semplici aneddoti o di fatti di cronaca minuta. Loro e non altri perché figure di una «perfezione» («quella che se dico | Carubba è il cielo che non ho mai toccato») che coincide, in ultima analisi, coll’essere stati interpreti di una vita e di una morte che, non piú chiamate a giustificarsi di fronte al tribunale del senso, non hanno avanzato nessuna pretesa simbolica, metafisica o assoluta. A loro è toccata un’«impresa» non «da poco»: «Essere vivi e basta». E poi passar via, cosí come dev’essere.

Attingere, sulle soglie della morte, il mondo oscuro e primitivo, ma essenzialmente vitale, rappresentato dall’innocente “sapere” della vecchia serva, dai cani fedeli, dal Carubba e da Schiappino, significa però consegnar loro anche un altro compito: quello, proprio degli scomparsi invocati ora dal poeta, di saldare insieme inizio e fine, di chiamare al buio, di invitare al sonno. Come in chiusura de *I nascondigli II*:

Una luna un po’ ingobbita
incendia le rocce di Corniglia.
Il solito uccellino color lavagna
ripete il suo omaggio a Massenet.
Sono le otto, non è l’ora
di andare a letto, bambini?

La lunga vicenda montaliana, iniziata all’insegna dei valori, alti e aristocratici, del «miracolo», dell’identità e del «varco», si conclude su un luogo dove la cultura e i principi di un tempo non possono piú vantare diritti e dove anche i privilegi della poesia si piegano al passare di una voce – materna e mortale – eccezionalmente estranea al discorso dell’io dell’autore. Dalla ricerca dell’*oltre* all’esperienza di un *qui* che, nel paesaggio, s’illumina prima di sparire nel buio.

Bibliografia

L'intento esclusivamente divulgativo di questo saggio induce a segnalare, all'interno della sterminata bibliografia montaliana, solo pochi testi e interventi ritenuti particolarmente significativi e utili sia a una prima conoscenza del poeta che a ulteriori approfondimenti.

Opere di Montale.

Le poesie di Montale si possono leggere nell'edizione critica de *L'opera in versi*, a cura di R. Bettarini e G. Contini, Einaudi, Torino 1980 o in *Tutte le poesie*, a cura di G. Zampa, Mondadori, Milano 1984 (da integrare con *Diario postumo*, a cura di A. Cima, Mondadori, Milano 1996). D. Isella ha curato dapprima un'edizione commentata dei *Mottetti* (il Saggiatore, Milano 1980; nuova edizione Adelphi, Milano 1988) e poi delle *Occasioni* (Einaudi, Torino 1996). Il *Quaderno genovese* è uscito, a cura di L. Barile, da Mondadori, Milano 1982. Per le prose, i testi narrativi e le corrispondenze di viaggio cfr. *Prose e racconti*, a cura di M. Forti e L. Previtera, Mondadori, Milano 1995. Per i saggi, oltre alle edizioni citate via via nelle pagine precedenti, si rimanda, per gli scritti musicali, a *Prime alla Scala*, a cura di G. Lavezzi, Mondadori, Milano 1981; per le recensioni e gli articoli giornalistici a *Il secondo mestiere. Prose 1920-1979*, a cura di G. Zampa, Mondadori, Milano 1996; per le altre prose a *Il secondo mestiere. Arte musica società*, a cura di G. Zampa, Mondadori, Milano 1996, che presenta *Auto da fè* (riedita anche autonomamente: Leonardo, Milano 1994), *Prime alla Scala* (integrate da altri scritti musicali), il *Quaderno genovese* (per cui è comunque meglio rifarsi all'edizione Barile), *Scritti sull'arte* e *Monologhi, colloqui*. Resta fuori la raccolta d'autore *Nel nostro tempo* (Rizzoli, Milano 1972), vicina per temi e argomenti ad *Auto da fé*. Utile strumento di consultazione è il volume di indici a *Prose e racconti*; *Il secondo mestiere. Prose 1920-1979*; *Il se-*

condo mestiere. Arte musica società: *Eugenio Montale. Indici delle opere in prosa*, a cura di F. Cecco e L. Orlando; con la collaborazione di P. Italia, Mondadori, Milano 1996. Per la bibliografia delle opere si rimanda a *Bibliografia montaliana*, a cura di L. Barile, Mondadori, Milano 1977; da integrare con *Bibliografia delle opere* in M. Forti, *Per conoscere Montale*, Mondadori, Milano, seconda edizione aggiornata 1986, e con *Bibliografia*, a cura di I. Pietronave, in F. Croce, *Storia della poesia di Eugenio Montale*, Costa e Nolan, Genova 1991. Va ricordata inoltre la raccolta di autocommenti montaliani allestita da L. Greco, *Montale commenta Montale*, Pratiche, Parma 1990 (nuova edizione accresciuta e aggiornata del libro apparso dieci anni prima).

Studi biografici.

Per le notizie sulla vita si rinvia alla ormai classica e "ufficiale" biografia di G. Nascimbeni, *Eugenio Montale*, Longanesi, Milano 1986 (ma prima edizione 1969); alla suggestiva ricostruzione biografico-culturale curata da F. Contorbia nella fotobiografia *Eugenio Montale. Immagini di una vita*, Librex, Milano 1985 (ristampata poi, senza variazioni, nel 1996: Librex-Mondadori, Milano); e al recente volume di G. Marcenaro, *Eugenio Montale*, Bruno Mondadori, Milano 1999, che dedica largo spazio alle relazioni culturali e affettive del poeta (il libro è inoltre accompagnato da un utile dizionario che descrive raccolte, motivi, personaggi e figure montaliani). Preziosa la *Cronologia* apprestata da G. Zampa in *Tutte le poesie*, soprattutto per i materiali epistolari proposti in essa (da qui provengono le citazioni delle lettere a Solmi riportate nel saggio). Altre notizie, documenti e indicazioni sulla vita del poeta sono rinvenibili nei cataloghi di due mostre allestite per il centenario della nascita dell'autore: *I fogli di una vita: le carte, i libri, le immagini di Eugenio Montale*, a cura di L. Barile, F. Contorbia, M. A. Grignani, Scheiwiller, Milano 1996 e *Una dolcezza inquieta. L'universo poetico di Eugenio Montale*, a cura di G. Marcenaro e P. Boragina, Electa, Milano 1996.

I primi importanti saggi sulla sua poesia.

Tra le prime interpretazioni di Montale spiccano per profondità e acutezza quelle di S. Solmi e G. Contini: due lettori "storici", come s'è visto nelle pagine precedenti, della sua poesia. Gli scritti di Solmi (nella raccolta *Scrittori negli anni*, il Saggiatore, Milano

1963, alle pp. 19-24,179-91,192-201,278-314), apparsi tra il '26 e il '57, puntano sul significato esistenziale del paesaggio, sul «senso di una vita fallita e chiusa» presente negli *Ossi* e sulla messa in rilievo degli aspetti etici e psicologici della poesia. Gli interventi di Contini, piú volte citati, si leggono in *Una lunga fedeltà. Scritti su Eugenio Montale*, Einaudi, Torino 1974, che raduna cinque saggi pubblicati originariamente tra il '33 e il '56. Contini pone – tra i primi – la scrittura di Montale al livello della maggiore poesia contemporanea, insiste sul rapporto tra il soggetto e il mondo e sulla funzione centrale che hanno in esso "fantasmi" e "oggetti".

Introduzioni, monografie e altri libri o saggi di particolare interesse.

Tra le prime monografie critiche e introduzioni all'opera montaliana hanno un posto di rilievo M. Forti, *Eugenio Montale. La poesia, la prosa di fantasia e d'invenzione*, Mursia, Milano 1973 (e 2ª edizione accresciuta 1974) e, di taglio piú divulgativo, M. Martelli, *Eugenio Montale. Introduzione e guida allo studio dell'opera montaliana*, Le Monnier, Firenze 1982 (dello stesso autore si veda pure il precedente *Il rovescio della poesia. Interpretazioni montaliane*, Longanesi, Milano 1977). Resta utilissimo, anche a distanza di anni (la prima edizione è del 1976), il volume curato da M. Forti, *Per conoscere Montale*, Mondadori, Milano 1986, che propone un'antologia di testi poetici e in prosa e una scelta di saggi critici sull'autore. Risponde ottimamente ai criteri della "guida alla lettura" l'antologia commentata di testi (E. Montale, *Poesie*, Arnoldo Mondadori Scuola, Milano 1991) allestita da A. Marchese, a cui si devono anche altri importanti volumi d'argomento montaliano (tra cui il recente *Amico dell'invisibile. La personalità e la poesia di Eugenio Montale*, Sei, Torino 1996). Attento in particolar modo alla storia della ricezione e della critica è P. Cataldi, *Montale*, Palumbo, Palermo 1991. Il volume di F. Croce, *Storia della poesia di Eugenio Montale*, Costa e Nolan, Genova 1991, mira invece a illustrare il significato anche letterale dei testi e a mettere in risalto soprattutto i valori umani e civili della poesia e i suoi rapporti con l'itinerario biografico e culturale dell'autore. Segue i criteri interpretativi dell' "allegoria" (su cui cfr. anche A. Jacomuzzi, *La poesia di Montale*, Einaudi, Torino 1978) e disegna un ampio quadro della vicenda montaliana la monografia di R. Luperini, *Storia di Montale*, Roma-Bari, Laterza 1992 (ma la prima edizione è del 1986); autore di numerosi altri contributi e volumi montaliani. Un rapido ed esauriente profilo della poesia di Montale, ricco di approfondite annotazioni sulla struttura delle raccolte e su stile, fonti e modelli è in P. V. Mengaldo, *L'«Opera in versi» di Eugenio Montale*, in A. Asor Rosa, diretta da, *Letteratura italiana. Le Opere*, Einaudi, Torino 1995, vol. V, pp. 623-68.

Agli altri contributi su Montale qui s'accenna soltanto, rimandando a questo proposito ai repertori bibliografici presenti nei volumi già citati e a quelli che segnaleremo in seguito. Sui rapporti con Pascoli e Dante cfr. il saggio di P. Bonfiglioli, *Dante Pascoli Montale*, in aa.vv., *Nuovi studi pascoliani*, Centro di cultura dell'Alto Adige – Società di studi romagnoli, Bolzano-Cesena 1963, pp. 35-62; il terzo di una serie di articoli dedicati ai legami tra l'autore degli *Ossi* e quello di *Myricae*. Sull'ideologia montaliana si può leggere ancora con gusto U. Carpi, *Montale dopo il fascismo. Dalla «Bufera» a «Satura»*, Padova, Liviana 1971. Alla *Farfalla di Dinard* e a *Satura* hanno dedicato, rispettivamente nel '66 e nel '71, due importanti articoli C. Segre (*Invito alla «Farfalla di Dinard»*, poi ne *I segni e la critica*, Einaudi, Torino 1970, pp. 135-51) e M. Corti (*Un nuovo messaggio di Montale: «Satura»*, in «Strumenti critici», n. 15, pp. 217-36); entrambi citati nel nostro saggio. Uno dei contributi piú rilevanti della critica strutturalista, che resta a parer nostro fondamentale anche a distanza di anni, è il libro di D'A. S. Avalle, *Tre saggi su Montale* (Einaudi, Torino 1970), fondato sulla messa in rilievo delle connessioni tra i singoli testi e il libro costituito dall'opera montaliana. Sono incentrate sull'aspetto sonoro della parola (il significante) anche a scapito del suo primo significato le letture montaliane di S. Agosti contenute in *Cinque analisi. Il testo della poesia* (Feltrinelli, Milano 1982, pp. 69-102). Sullo stesso piano si collocano le raffinate interpretazioni di G. Orelli, *Accertamenti montaliani* (Il Mulino, Bologna 1984), che presentano importanti messe a punto sui caratteri formali dell'ultima stagione del poeta. La ricostruzione dei rapporti tra Montale e autori e pensatori italiani e stranieri è al centro del libro di G. Lonardi (*Il Vecchio e il Giovane e altri studi su Montale*, Zanichelli, Bologna 1980) mentre G. P. Biasin (ne *Il vento di Debussy. La poesia di Montale nella cultura del Novecento*, Il Mulino, Bologna 1985) allarga la prospettiva all'individuazione di tratti comuni tra Montale e le arti della musica e della pittura. Nelle prime due raccolte di saggi dedicati da P. V. Mengaldo alla letteratura del Novecento (*La tradizione del Novecento. Da D'Annunzio a Montale*, Feltrinelli, Milano 1975, pp. 13-106,190-216,297-358; e *La tradizione del Novecento. Nuova serie*, Vallecchi, Firenze 1987, pp. 235-305) s'incontrano pagine fondamentali sulla lingua montaliana e i suoi rapporti col vocabolario dannunziano, sugli scritti giornalistici di *Fuori di casa*, su *Satura*, su Montale traduttore e critico musicale, sulla

Lettera a Malvolio. Non rientra sorprendentemente nelle tradizionali bibliografie montaliane il bel saggio di F. Rella, *La cognizione del male. Saba e Montale*, Editori Riuniti, Roma 1985, ricco di fruttuose connessioni con la grande letteratura europea novecentesca e di affascinanti prospettive di lettura dei testi (è il caso, ad esempio, di quella della *Casa dei doganieri*, da noi seguita in piú punti). Precise analisi testuali, arricchite dalla messa in luce di rapporti che, di poesia in poesia, coinvolgono l'intera produzione di Montale, sono anche nel volume di M. A. Grignani, *Prologhi ed epiloghi. Sulla poesia di Eugenio Montale*, Longo, Ravenna 1987. Ricordiamo, inoltre, i seguenti volumi collettivi: aa.vv., *Letture montaliane, in occasione dell'80° compleanno del poeta*, Bozzi, Genova 1977; aa.vv., *Eugenio Montale. Profilo di un autore*, a cura di A. Cima e C. Segre, Rizzoli, Milano 1977 (ristampato poi nel 1997: Bompiani, Milano); e gli atti di due convegni tenutisi entrambi a un anno dalla morte del poeta: *La poesia di Eugenio Montale*, Milano-Genova 12-14-15 settembre 1982 (Librex, Milano 1983) e *La poesia di Eugenio Montale*, Genova 25-28 novembre 1982 (Le Monnier, Firenze 1984; qui è il saggio di G. Cambon, *Montale sull'ultima spiaggia. Pagine di diario*, pp. 335-56, da cui abbiamo tratto la citazione sulle «metamorfosi tenebrose» di Clizia, riportata nel capitolo III).

Una breve nota sulle indagini dedicate alla lingua poetica montaliana. Oltre ad alcuni saggi già citati (Contini, Avalle, Mengaldo), il lettore può trovare indicazioni e strumenti utili nella *Concordanza di tutte le poesie di Eugenio Montale* di G. Savoca (Olschki, Firenze 1987) e nel volume di saggi, coordinato dallo stesso Savoca, *Per la lingua di Montale*, Olschki, Firenze 1989. Tra i numerosi lavori che affrontano aspetti specifici (dall'elencazione ellittica alla metrica, su cui cfr. le notizie offerte in P. V. Mengaldo, *L'«Opera in versi»*) risalta, per la capacità di disegnare un quadro generale della lingua di Montale in rapporto con i temi cardinali della sua poesia, il saggio di V. Coletti, *L'italiano di Montale* (in aa.vv., *Il secolo di Montale: Genova 1896-1996*, Il Mulino, Bologna 1998, pp. 137-60), il miglior contributo di sintesi e d'illustrazione della lingua montaliana di cui siamo a conoscenza.

I poeti su Montale.

Un capitolo a sé meriterebbero gli scritti dei poeti sull'opera di Montale. Ammirazione e riconoscimento della centralità montaliana nel secolo s'alternano a moti di ripulsa, al distacco ideologico o a un semplice senso di fastidio. Di alcuni di questi giudizi si è già fatto cenno nelle pagine precedenti (Pasolini, Fortini, Zanzotto...). Il settore è qui particolarmente folto e complicato sia dalla comparsa di articoli in sedi e tempi diversi che dalla loro successiva riproposta in libri di saggi. Ci limitiamo a indicare alcuni di quest'ultimi. Da essi il lettore potrà trarre un quadro di come Montale è stato letto dai poeti suoi contemporanei. Si vedano dunque le pagine dedicate a Montale in: F. Fortini, *Nuovi saggi italiani*, Garzanti, Milano 1987, pp. 103-33 e ne *I Poeti del Novecento*, Laterza, Roma-Bari 1988, (prima edizione 1977), pp. 129-43; P. P. Pasolini, *Passione e ideologia*, Garzanti, Milano 1977, pp. 291-94; G. Raboni, *Poesia degli anni Sessanta*, Editori Riuniti, Roma 1976, pp. 225-57; E. Sanguineti, *Ideologia e linguaggio*, Feltrinelli, Milano 1970, pp. 44-61 e *Giornalino secondo (1976-1977)*, Einaudi, Torino 1979, pp. 230-34,295-97; A. Zanzotto, *Fantasie di avvicinamento*, Mondadori, Milano 1991, pp. 15-55; V. Sereni, *La tentazione della prosa*, Mondadori, Milano 1998, pp. 144-49 e *Sentieri di gloria. Note e ragionamenti sulla letteratura*, Mondadori, Milano 1996, pp. 56-60,112-16,147-53. Ma vanno pure ricordati il giudizio di G. Giudici sulla «scomoda contemporaneità di Montale» (*Oltre Montale*, in «Lettere italiane», n. 4,1996, pp. 521-26) e quello di G. Caproni su *Satura* (*Intervista a G. Caproni* del 1972), che si legge ora, a cura di D. Maffía, in «Poesia», n. 113,1998, pp. 60-65.

Studi recenti.

Nel corso degli ultimi anni, complici anche le ricorrenze per il centenario della nascita del poeta, la bibliografia su Montale si è ulteriormente ampliata. Per i contributi relativi a quest'ultimo periodo, tra il '94 e il '98, si veda l'argomentata descrizione offerta da M. A. Grignani ne *Il punto su Montale* (in «Moderna», n. 1, 1999, pp. 195-214). Nello stesso fascicolo della rivista si trova anche, alle pp. 225-86, un *Repertorio bibliografico ragionato (1994-1998)*, a cura di T. de Rogatis, F. Nosenzo e R. Castellana, che integra e aggiorna i precedenti repertori bibliografici. In questo ultimo periodo spiccano gli atti di due convegni: *Montale e il canone poetico del Novecento*, a cura di R. Luperini e M. A. Grignani, Laterza, Roma-Bari 1998; e aa.vv., *Il secolo di Montale: Genova 1896-1996*, Il Mulino, Bologna 1999. Ma sono apparsi anche volumi particolarmente importanti. Ne ricordiamo alcuni: D. Isella (a cui si deve anche la cura della raccolta di lettere tra Montale e Contini: *Eusebio e Trabucco. Carteggio di Eugenio Montale e Gianfranco Contini*, Adelphi, Milano 1997) presenta nel suo volume *L'idillio di Meulan. Da Manzoni a Sereni* (Einaudi, Torino 1994, pp.

199-262) approfondite indagini sulla struttura di *Satura*, sull'attività traduttoria e sulla composizione di alcuni testi delle *Occasioni* alla luce delle lettere inviate da Montale a Bazlen. F. Zambon, ne *L'iride nel fango* (Pratiche, Parma 1994) analizza *L'anguilla* e le immagini e i valori che convergono in essa. *Montale, Londra e la luna* di L. Barile (Le Lettere, Firenze 1996) è particolarmente interessante per il lettore non specialista per le osservazioni sulla presenza di Leopardi nell'ultima poesia di Montale. Ne *«La primavera hitleriana» e altri saggi su Montale* (Marietti, Genova 1997) F. Croce raccoglie articoli composti nell'arco di un trentennio e sostiene la tesi che nell'opera del poeta il paesaggio ligure sia da vedersi esclusivamente come limite da superare e prigionia da cui evadere. Alle fonti della poesia montaliana, al personaggio di Volpe e alla rilettura di «Flashes e dediche» e di «Madrigali privati», attuata mediante l'uso di documenti inediti inviati a M. L. Spaziani, è dedicato *Dislocazioni. Epifanie e metamorfosi in Montale* di M. A. Grignani (Piero Manni, Lecce 1998). Al volume di L. Surdich (*Le idee e la poesia. Montale e Caproni*, Il melangolo, Genova 1998) si rimanda per le pagine sull'evoluzione del personaggio di Clizia (a cui P. De Caro ha pure dedicato la prima parte di una biografia: *Journey to Irma*, Matteo de Meo, Foggia 1996) e a quello di F. Contorbia (*Montale, Genova, il modernismo e altri saggi montaliani*, Pendragon, Bologna 1999) per un'attenta ricostruzione della formazione di Montale, del rapporto con la sorella Marianna (da qui è tratta la lettera citata nel capitolo I), della sua strategia di avvicinamento al «Corriere della Sera» nonché per altri punti e questioni.

Indice

p. 3 Capitolo primo
Genova, il paesaggio e *Ossi di seppia*
28 Capitolo secondo
Gli anni fiorentini e *Le occasioni*
53 Capitolo terzo
Milano, *La bufera e altro*
78 Capitolo quarto
Il tempo della prosa e *Satura*
102 Capitolo quinto
La vecchiaia del poeta
115 *Bibliografia*

Stampato per conto della Casa editrice Einaudi
presso Mondadori Printing S.p.A., Stabilimento N.S.M., Cles (Trento)
nel mese di agosto 2000

C.L. 15599

Edizione								Anno			
1	2	3	4	5	6	7	8	2000	2001	2002	2003

Einaudi Tascabili

1 Omero, *Odissea*. Versione di Rosa Calzecchi Onesti. Testo a fronte (13ª ed.).

2 Levi (Primo), *Se questo è un uomo. La tregua* (26ª ed.).

3 Least Heat-Moon, *Strade blu. Un viaggio dentro l'America* (10ª ed.).

4 Morante, *Aracoeli. Romanzo* (10ª ed.).

5 Virgilio, *Eneide*. Introduzione e traduzione di Rosa Calzecchi Onesti. Testo a fronte (10ª ed.).

6 *Storia d'Italia. I caratteri originali*. A cura di Ruggiero Romano e Corrado Vivanti (2 volumi).

7 Levi (Carlo), *L'Orologio* (3ª ed.).

8 Bloch (Marc), *I re taumaturghi. Studi sul carattere sovrannaturale attribuito alla potenza dei re particolarmente in Francia e in Inghilterra* (5ª ed.).

9 Packard, *I persuasori occulti* (7ª ed.).

10 Amado, *Teresa Batista stanca di guerra* (15ª ed.).

11 Buñuel, *Sette film* (L'età dell'oro. Nazarin. Viridiana. L'angelo sterminatore. Simone del deserto. La via lattea. Il fascino discreto della borghesia) (2ª ed.).

12 *I Vangeli apocrifi*. A cura di Marcello Craveri (11ª ed.).

13 Sciascia, *Il giorno della civetta* (5ª ed.).

14 Sciascia, *Il contesto. Una parodia* (2ª ed.).

15 Sciascia, *Todo modo* (2ª ed.).

16 Fitzgerald, *Tenera è la notte* (11ª ed.).

17 Schulberg, *I disincantati*.

18 Sartre, *La nausea* (12ª ed.).

19 Bataille, *L'azzurro del cielo* (2ª ed.).

20 Musil, *I turbamenti del giovane Törless* (7ª ed.).

21 Mann, *La morte a Venezia* (8ª ed.).

22 Shirer, *Storia del Terzo Reich* (2 volumi) (5ª ed.).

23 Frank, *Diario* (13ª ed.).

24 Rigoni Stern, *Il sergente nella neve. Ritorno sul Don* (12ª ed.).

25 Fenoglio, *Una questione privata. I ventitre giorni della città di Alba* (12ª ed.).

26 Deakin, *La brutale amicizia. Mussolini, Hitler e la caduta del fascismo italiano* (2 volumi).

27 Nerval, *Le figlie del fuoco*.

28 Rimbaud, *Opere*. Testo a fr. (5ª ed.).

29 Walser, *L'assistente* (3ª ed.).

30 Vassalli, *La notte della cometa. Il romanzo di Dino Campana* (9ª ed.).

31 Svevo, *La coscienza di Zeno e «continuazioni»* (3ª ed.).

32 Pavese, *Il carcere* (3ª ed.).

33 Pavese, *Il compagno* (10ª ed.).

34 Pavese, *La casa in collina* (14ª ed.).

35 Omero, *Iliade*. Versione di Rosa Calzecchi Onesti. Testo a fronte (10ª ed.).

36 Tolstoj, *Guerra e pace* (2 volumi) (8ª ed.).

37 Codino, *Introduzione a Omero* (2ª ed.).

38 De Roberto, *I Viceré* (7ª ed.).

39 Jovine, *Signora Ava*.

40 Levi (Carlo), *Cristo si è fermato a Eboli* (12ª ed.).

41 Rea, *Gesú, fate luce*.

42 Tornabuoni, *'90 al cinema*.

43 Gino & Michele - Molinari, *Anche le formiche nel loro piccolo s'incazzano* (18ª ed.).

44 Balzac, *Splendori e miserie delle cortigiane* (2ª ed.).

45 Proust, *Contro Sainte-Beuve*.

Proust, *Alla ricerca del tempo perduto*:

46 *La strada di Swann* (2 volumi).

47 *All'ombra delle fanciulle in fiore* (3 volumi).

48 *I Guermantes* (3 volumi).

49 *Sodoma e Gomorra* (2 volumi).

50 *La prigioniera* (2 volumi).
51 *Albertine scomparsa.*
52 *Il tempo ritrovato* (2 volumi).
53 *I Vangeli* nella traduzione di Niccolò Tommaseo. A cura di Cesare Angelini.
54 *Atti degli Apostoli.* A cura di Cesare Angelini.
55 Holl, *Gesú in cattiva compagnia.*
56 Volponi, *Memoriale* (4ª ed.).
57 Levi (Primo), *La chiave a stella* (10ª ed.).
58 Volponi, *Le mosche del capitale* (2ª ed.).
59 Levi (Primo), *I sommersi e i salvati* (13ª ed.).
60 *I padri fondatori. Da Jahvè a Voltaire.*
61 Poe, *Auguste Dupin investigatore e altre storie.*
62 Soriano, *Triste, solitario y final* (9ª ed.).
63 Dürrenmatt, *Un requiem per il romanzo giallo. La promessa. La panne* (4ª ed.).
64 Biasion, *Sagapò* (3ª ed.).
65 Fenoglio, *Primavera di bellezza* (5ª ed.).
66 Rimanelli, *Tiro al piccione.*
67 Soavi, *Un banco di nebbia.*
68 Conte, *Gli Slavi* (5ª ed.).
69 Schulz, *Le botteghe color cannella.*
70 Serge, *L'Anno primo della rivoluzione russa.*
71 Ripellino, *Praga magica* (11ª ed.).
72 Vasari, *Le vite de' piú eccellenti architetti, pittori, et scultori italiani, da Cimabue insino a' tempi nostri.* A cura di Luciano Bellosi e Aldo Rossi (2 volumi) (6ª ed.).
73 Amado, *Gabriella garofano e cannella* (12ª ed.).
74 Lane, *Storia di Venezia* (8ª ed.).
75 *Tirature '91.* A cura di Vittorio Spinazzola.
76 Tornabuoni, *'91 al cinema.*
77 Ramondino-Müller, *Dadapolis.*
78 De Filippo, *Tre commedie* (2ª ed.).
79 Milano, *Storia degli ebrei in Italia* (4ª ed.).
80 Todorov, *La conquista dell'America* (10ª ed.).
81 Melville, *Billy Budd e altri racconti* (2ª ed.).
82 Yourcenar, *Care memorie* (10ª ed.).
83 Murasaki, *Storia di Genji. Il principe splendente* (2 volumi) (3ª ed.).
84 Jullian, *Oscar Wilde;*
85 Brontë, *Cime tempestose* (8ª ed.).
86 Andersen, *Fiabe* (7ª ed.).
87 Harris, *Buono da mangiare* (8ª ed.).
88 Mann, *I Buddenbrook* (8ª ed.).
89 Yourcenar, *Archivi del Nord* (7ª ed.).
90 Prescott, *La Conquista del Messico* (3ª ed.).
91 *Beowulf* (6ª ed.).
92 Stajano, *Il sovversivo. L'Italia nichilista.*
93 Vassalli, *La chimera* (14ª ed.).
94 *Le meraviglie del possibile. Antologia della fantascienza* (4ª ed.).
95 Vargas Llosa, *La guerra della fine del mondo* (4ª ed.).
96 Levi (Primo), *Se non ora, quando?* (10ª ed.).
97 Vaillant, *La civiltà azteca* (4ª ed.).
98 Amado, *Jubiabá* (6ª ed.).
99 Boccaccio, *Decameron* (2 volumi) (7ª ed.).
100 Ghirelli, *Storia di Napoli* (3ª ed.).
101 Volponi, *La strada per Roma* (3ª ed.).
102 McEwan, *Bambini nel tempo* (9ª ed.).
103 Cooper, *L'ultimo dei Mohicani* (4ª ed.).
104 Petrarca, *Canzoniere* (8ª ed.).
105 Yourcenar, *Quoi? L'Eternité* (5ª ed.).
106 Brecht, *Poesie* (5ª ed.).
107 Ben Jelloun, *Creatura di sabbia* (9ª ed.).
108 Pevsner, Fleming, Honour, *Dizionario di architettura* (8ª ed.).
109 James, *Racconti di fantasmi* (6ª ed.).
110 Grimm, *Fiabe* (8ª ed.).
111 *L'arte della cucina in Italia.* A cura di Emilio Faccioli.
112 Keller, *Enrico il Verde* (2ª ed.).
113 Maltese, *Storia dell'arte in Italia 1785-1943* (2ª ed.).
114 Ben Jelloun, *Notte fatale* (8ª ed.).
115 Fruttero-Lucentini, *Il quarto libro della fantascienza* (2ª ed.).

116 Ariosto, *Orlando furioso* (2 volumi) (8ª ed.).
117 Boff, *La teologia, la Chiesa, i poveri.*
118 Pirandello, *Sei personaggi in cerca d'autore* (4ª ed.).
119 James, *Ritratto di signora* (6ª ed.).
120 Abulafia, *Federico II* (8ª ed.).
121 Dostoevskij, *Delitto e castigo* (11ª ed.).
122 Masters, *Antologia di Spoon River* (9ª ed.).
123 Verga, *Mastro-don Gesualdo* (3ª ed.).
124 Ostrogorsky, *Storia dell'impero bizantino* (6ª ed.).
125 Beauvoir (de), *I Mandarini* (5ª ed.).
126 Yourcenar, *Come l'acqua che scorre* (8ª ed.).
127 Tasso, *Gerusalemme liberata* (6ª ed.).
128 Dostoevskij, *I fratelli Karamazov* (9ª ed.).
129 Honour, *Neoclassicismo* (3ª ed.).
130 De Felice, *Storia degli ebrei italiani* (5ª ed.).
131 Goldoni, *Memorie* (2ª ed.).
132 Stendhal, *Il rosso e il nero* (6ª ed.).
133 Runciman, *Storia delle crociate* (2 volumi) (5ª ed.).
134 Balzac (de), *La Fille aux yeux d'or* (Serie bilingue) (2ª ed.).
135 Mann, *Tonio Kröger* (Serie bilingue) (4ª ed.).
136 Joyce, *The Dead* (Serie bilingue) (2ª ed.).
137 *Poesia italiana del Novecento.* A cura di Edoardo Sanguineti (2 volumi) (4ª ed.).
138 Ellison, *Uomo invisibile.*
139 Rabelais, *Gargantua e Pantagruele* (6ª ed.).
140 Savigneau, *Marguerite Yourcenar* (2ª ed.).
141 Scholem, *Le grandi correnti della mistica ebraica* (3ª ed.).
142 Wittkower, *Arte e architettura in Italia, 1600-1750* (8ª ed.).
143 Revelli, *La guerra dei poveri* (4ª ed.).
144 Tolstoj, *Anna Karenina* (7ª ed.).
145 *Storie di fantasmi.* A cura di Fruttero e Lucentini (3ª ed.).
146 Foucault, *Sorvegliare e punire* (7ª ed.).
147 Truffaut, *Autoritratto* (2ª ed.).
148 Maupassant (de), *Racconti dell'incubo* (4ª ed.).
149 Dickens, *David Copperfield* (4ª ed.).
150 Pirandello, *Il fu Mattia Pascal* (7ª ed.).
151 Isherwood, *Mr Norris se ne va* (2ª ed.).
152 Zevi, *Saper vedere l'architettura* (3ª ed.).
153 Yourcenar, *Pellegrina e straniera* (4ª ed.).
154 Soriano, *Mai piú pene né oblio. Quartieri d'inverno* (4ª ed.).
155 Yates, *L'arte della memoria* (4ª ed.).
156 Pasolini, *Petrolio* (6ª ed.).
157 Conrad, *The Shadow-Line* (Serie bilingue) (4ª ed.).
158 Stendhal, *L'Abbesse de Castro* (Serie bilingue) (2ª ed.).
159 Monelli, *Roma 1943* (2ª ed.).
160 Mila, *Breve storia della musica* (7ª ed.).
161 Whitman, *Foglie d'erba* (7ª ed.).
162 Rigoni Stern, *Storia di Tönle. L'anno della vittoria* (9ª ed.).
163 Partner, *I Templari* (8ª ed.).
164 Kawabata, *Bellezza e tristezza* (3ª ed.).
165 Carpi, *Diario di Gusen* (2ª ed.).
166 Perodi, *Fiabe fantastiche* (2ª ed.).
167 *La scultura raccontata da Rudolf Wittkower* (3ª ed.).
168 N. Ginzburg, *Cinque romanzi brevi* (6ª ed.).
169 Leopardi, *Canti* (5ª ed.).
170 Fellini, *Fare un film* (3ª ed.).
171 Pirandello, *Novelle* (3ª ed.).
172 Publio Ovidio Nasone, *Metamorfosi* (7ª ed.).
173 *Il sogno della Camera Rossa. Romanzo cinese del secolo* XVIII (3ª ed.).
174 Dostoevskij, *I demoni* (8ª ed.).
175 Yourcenar, *Il Tempo, grande scultore* (4ª ed.).
176 Vassalli, *Marco e Mattio* (6ª ed.).
177 Barthes, *Miti d'oggi* (5ª ed.).
178 Hoffmann, *Racconti notturni* (3ª ed.).
179 Fenoglio, *Il partigiano Johnny* (8ª ed.).

180 Ishiguro, *Quel che resta del giorno* (14ª ed.).

181 Cervantes, *Don Chisciotte della Mancia* (2 voll.) (7ª ed.).

182 O'Connor, *Il cielo è dei violenti* (2ª ed.).

183 Gambetta, *La mafia siciliana*.

184 Brecht, *Leben des Galilei* (Serie bilingue) (7ª ed.).

185 Melville, *Bartleby, the Scrivener* (Serie bilingue) (3ª ed.).

186 Vercors, *Le silence de la mer* (Serie bilingue) (4ª ed.).

187 *«Una frase, un rigo appena». Racconti brevi e brevissimi*.

188 Queneau, *Zazie nel metró* (8ª ed.).

189 Tournier, *Venerdí o il limbo del Pacifico* (2ª ed.).

190 Viganò, *L'Agnese va a morire* (6ª ed.).

191 Dostoevskij, *L'idiota* (10ª ed.).

192 Shakespeare, *I capolavori*. Vol. I° (3ª ed.)

193 Shakespeare, *I capolavori*. Vol. II° (3ª ed.)

194 Allen, *Come si diventa nazisti* (3ª ed.).

195 Gramsci, *Vita attraverso le lettere* (2ª ed.).

196 Gogol', *Le anime morte* (3ª ed.).

197 Wright, *Ragazzo negro* (5ª ed.).

198 Maupassant, *Racconti del crimine* (2ª ed.).

199 *Lettere di condannati a morte della Resistenza italiana* (3ª ed.).

200 Mila, *Brahms e Wagner*.

201 Renard, *Pel di Carota* (2ª ed.).

202 Beccaria, *Dei delitti e delle pene* (2ª ed.).

203 Levi P., *Il sistema periodico* (7ª ed.).

204 Ginzburg (Natalia), *La famiglia Manzoni* (5ª ed.).

205 Paumgartner, *Mozart*.

206 Adorno, *Minima moralia* (4ª ed.).

207 Zola, *Germinale* (4ª ed.).

208 Kieślowski-Piesiewicz, *Decalogo* (2ª ed.).

209 Beauvoir (de), *Memorie d'una ragazza perbene* (6ª ed.).

210 Leopardi, *Memorie e pensieri d'amore*.

211 McEwan, *Il giardino di cemento* (8ª ed.).

212 Pavese, *Racconti* (7ª ed.).

213 Sanvitale, *Madre e figlia* (3ª ed.).

214 Jovine, *Le terre del Sacramento* (3ª ed.).

215 Ben Jelloun, *Giorno di silenzio a Tangeri* (5ª ed.).

216 Volponi, *Il pianeta irritabile*.

217 Hayes, *La ragazza della Via Flaminia*.

218 Malamud, *Il commesso* (2ª ed.).

219 Defoe, *Fortune e sfortune della famosa Moll Flanders* (2ª ed.).

220 Böll, *Foto di gruppo con signora* (4ª ed.).

221 Biamonti, *Vento largo* (2ª ed.).

222 Lovercraft, *L'orrendo richiamo*.

223 Malerba, *Storiette e Storiette tascabili*.

224 Mainardi, *Lo zoo aperto*.

225 Verne, *Il giro del mondo in ottanta giorni* (2ª ed.).

226 Mastronardi, *Il maestro di Vigevano* (2ª ed.).

227 Vargas Llosa, *La zia Julia e lo scribacchino* (4ª ed.).

228 Rousseau, *Il contratto sociale* (4ª ed.).

229 Mark Twain, *Le avventure di Tom Sawyer* (2ª ed.).

230 Jung, *Il problema dell'inconscio nella psicologia moderna*.

231 Mancinelli, *Il fantasma di Mozart e altri racconti* (3ª ed.).

232 West, *Il giorno della locusta* (2ª ed.).

233 Mark Twain, *Le avventure di Huckleberry Finn* (2ª ed.).

234 Lodoli, *I principianti* (2ª ed.).

235 Voltaire, *Il secolo di Luigi XIV*.

236 Thompson, *La civiltà Maja* (4ª ed.)

237 Tolstoj, *I quattro libri di lettura* (2ª ed.)

238 Morante, *Menzogna e sortilegio* (5ª ed.)

239 Wittkower, *Principi architettonici nell'età dell'Umanesimo* (4ª ed.).

240 Somerset Maugham, *Storie di spionaggio e di finzioni*.

241 *Fiabe africane* (2ª ed.).

242 Pasolini, *Vita attraverso le lettere*.

243 Romano, *La penombra che abbiamo attraversato* (2ª ed.).

244 Della Casa, *Galateo* (2ª ed.).

245 Byatt, *Possessione. Una storia romantica* (7ª ed.).

246 Strassburg, *Tristano*.
247 Ben Jelloun, *A occhi bassi* (5ª ed.).
248 Morante, *Lo scialle andaluso* (4ª ed.).
249 Pirandello, *Uno, nessuno e centomila* (4ª ed.).
250 Soriano, *Un'ombra ben presto sarai* (5ª ed.).
251 McEwan, *Cani neri* (7ª ed.).
252 Cerami, *Un borghese piccolo piccolo* (2ª ed.).
253 Morante, *Il mondo salvato dai ragazzini e altri poemi* (3ª ed.).
254 Fallada, *Ognuno muore solo* (2ª ed.).
255 Beauvoir (de), *L'età forte* (3ª ed.).
256 Alighieri, *Rime* (2ª ed.).
257 Macchia, *Il mito di Parigi. Saggi e motivi francesi* (2ª ed.).
258 De Filippo, *Cantata dei giorni dispari I* (2ª ed.).
259 Ben Jelloun, *L'amicizia* (7ª ed.).
260 *Lettere dei condannati a morte della Resistenza europea*.
261 Stajano, *Un eroe borghese* (3ª ed.).
262 Spinella, *Memoria della Resistenza* (2ª ed.).
263 Foscolo, *Ultime lettere di Jacopo Ortis* (4ª ed.).
264 Schliemann, *La scoperta di Troia* (3ª ed.).
265 Dostoevskij, *Umiliati e offesi* (6ª ed.).
266 Ishiguro, *Un pallido orizzonte di colline* (2ª ed.).
267 Morante, *La Storia* (8ª ed.).
268 Romano (Lalla), *Maria* (3ª ed.).
269 Levi Pisetzky, *Il costume e la moda nella società italiana*.
270 Salmon, *Il Sannio e i Sanniti* (3ª ed.).
271 Benjamin, *Angelus Novus. Saggi e frammenti* (5ª ed.).
272 Bolis, *Il mio granello di sabbia* (2ª ed.).
273 Matthiae, *Ebla. Un impero ritrovato* (2ª ed.).
274 Sanvitale, *Il figlio dell'Impero*.
275 Maupassant, *Racconti d'amore* (4ª ed.).
276 Céline, *Casse-pipe* (Serie bilingue) (2ª ed.).
277 *Racconti del sabato sera*.
278 Boiardo, *Orlando innamorato* (2 voll.)
279 Woolf, *A Room of One's Own* (Serie bilingue) (5ª ed.).
280 Hoffmann, *Il vaso d'oro*.
281 Bobbio, *Il futuro della democrazia* (2ª ed.).
282 Mancinelli, *I dodici abati di Challant. Il miracolo di santa Odilia. Gli occhi dell'imperatore* (7ª ed.).
283 Soriano, *La resa del leone* (2ª ed.).
284 De Filippo, *Cantata dei giorni dispari II*.
285 Gobetti, *La Rivoluzione Liberale* (4ª ed.).
286 Wittkower, *Palladio e il palladianesimo*.
287 Sartre, *Il muro* (5ª ed.).
288 D'Annunzio, *Versi d'amore*.
289 D'Annunzio, *Alcione*.
290 Caldwell, *La via del tabacco*.
291 Tadini, *La tempesta*.
292 Morante, *L'isola di Arturo* (7ª ed.).
293 Pirandello, *L'esclusa*.
294 Voltaire, *Dizionario filosofico* (2ª ed.).
295 Fenoglio, *Diciotto racconti*.
296 Hardy, *Tess dei d'Uberville* (3ª ed.).
297 N. Ginzburg, *Famiglia* (2ª ed.).
298 Stendhal, *La Certosa di Parma* (5ª ed.).
299 Yehoshua, *L'amante* (10ª ed.).
300 Beauvoir, *La forza delle cose* (2ª ed.).
301 Ceram, *Civiltà sepolte* (6ª ed.).
302 Loy, *Le strade di polvere* (4ª ed.).
303 Piumini, *Lo stralisco*.
304 Rigoni, *Amore di confine* (3ª ed.).
305 Rodinson, *Maometto*.
306 Biamonti, *L'angelo di Avrigue*.
307 Antonioni, *Quel bowling sul Tevere* (2ª ed.).
308 Lodi, *Il paese sbagliato. Diario di un'esperienza didattica*.
309 Machiavelli, *Il Principe* (5ª ed.).
310 Seneca, *Dialoghi morali* (2ª ed.).
311 Dickens, *Casa Desolata* (5ª ed.).
312 Saba, *Ernesto* (3ª ed.).
313 Lawrence, *Donne innamorate*.
314 Pirro, *Celluloide*.
315 Ramondino, *Althénopis*.
316 Rodari, *I cinque libri* (5ª ed.).
317 *I Nibelunghi* (3ª ed.).
318 Bobbio, *Stato, governo, società* (2ª ed.).
319 La Fontaine, *Favole*.
320 Artusi, *La scienza in cucina e l'arte di mangiar bene*.

321 Romano (Lalla), *Una giovinezza inventata* (3ª ed.).
322 De Filippo, *Cantata dei giorni dispari III*.
323 Hilberg, *La distruzione degli Ebrei d'Europa* (2 vol.)
324 Kafka, *Il processo* (Serie Scrittori tradotti da scrittori).
325 Queneau, *I fiori blu* (Serie Scrittori tradotti da scrittori) (7ª ed.).
326 Gogol', *Racconti di Pietroburgo* (Serie Scrittori tradotti da scrittori).
327 James, *Giro di vite* (Serie Scrittori tradotti da scrittori).
328 Borges, *Finzioni* (1935-1944) (Serie Scrittori tradotti da scrittori) (7ª ed.).
329 Radiguet, *Il diavolo in corpo* (Serie Scrittori tradotti da scrittori).
330 De Felice, *Mussolini il rivoluzionario 1883-1920* (2ª ed.).
331 De Felice, *Mussolini il fascista*
I. *La conquista del potere 1921-1925* (2ª ed.).
332 De Felice, *Mussolini il fascista*
II. *L'organizzazione dello stato fascista 1925-1929*.
333 Hawthorne, *La lettera scarlatta* (7ª ed.).
334 Orengo, *Dogana d'amore*.
335 Vassalli, *Il Cigno* (2ª ed.).
336 Böll, *Vai troppo spesso a Heidelberg*.
337 Maiello, *Storia del calendario*.
338 Cesare, *La guerra gallica* (2ª ed.).
339 McEwan, *Lettera a Berlino* (3ª ed.).
340 Schneider, *Le voci del mondo* (6ª ed.).
341 De Felice, *Mussolini il duce*
I. *Gli anni del consenso 1929-1936* (2ª ed.).
342 De Felice, *Mussolini il fascista*
II. *Lo Stato totalitario 1936-1940* (2ª ed.).
343 Cervantes, *La gitanilla* (Serie bilingue).
344 Dostoevskij, *Notti bianche* (Serie bilingue) (3ª ed.).
345 N. Ginzburg, *Tutti i nostri ieri* (3ª ed.).
346 Breton, *Antologia dello humor nero*.
347 Maupassant, *Una vita* (Serie Scrittori tradotti da scrittori).
348 Pessoa, *Il marinaio* (Serie Scrittori tradotti da scrittori) (5ª ed.).
349 Stevenson, *Lo strano caso del Dr. Jekyll e del Sig. Hyde* (Serie Scrittori tradotti da scrittori) (2ª ed.).
350 London, *Il richiamo della foresta* (Serie Scrittori tradotti da scrittori).
351 Burgess, *Arancia meccanica* (9ª ed.).
352 Byatt, *Angeli e insetti* (2ª ed.).
353 Wittkower, *Nati sotto Saturno* (4ª ed.).
354 Least Heat-Moon, *Prateria. Una mappa in profondità* (2ª ed.).
355 Soriano, *Artisti, pazzi e criminali* (2ª ed.).
356 Saramago, *L'anno della morte di Ricardo Reis* (6ª ed.).
357 Le Goff, *La nascita del Purgatorio* (3ª ed.).
358 Del Giudice, *Lo stadio di Wimbledon* (2ª ed.).
359 Flaubert, *Bouvard e Pécuchet* (2ª ed.).
360 Pinter, *Teatro*. Vol. I (2ª ed.).
361 *Lettere al primo amore*.
362 Yehoshua, *Il signor Mani* (7ª ed.).
363 Goethe, *Le affinità elettive* (6ª ed.).
364 Maraini, *L'età del malessere* (8ª ed.).
365 Maugham, *Racconti dei Mari del Sud* (3ª ed.).
366 McCarthy, *Cavalli selvaggi* (4ª ed.).
367 Antonelli, Delogu, De Luca, *Fuori tutti* (Stile libero).
368 Kerouac, Dylan, Ginsberg, Burroughs, Ferlinghetti e altri, *Battuti & Beati. I Beat raccontati dai Beat* (Stile libero) (2ª ed.).
369 Norman X e Monique Z, *Norman e Monique. La storia segreta di un amore nato nel cyberspazio* (Stile libero).
370 Cerami, *Consigli a un giovane scrittore* (Stile libero) (7ª ed.).
371 Puig, *Il bacio della donna ragno* (2ª ed.).
372 Purdy, *Rose e cenere*.
373 Benjamin, *Sull'hascisch* (2ª ed.).
374 Levi (Primo), *I racconti* (4ª ed.).
375 De Carlo, *Yucatan* (7ª ed.).
376 Gandhi, *Teoria e pratica della nonviolenza*.
377 Ellis, *Meno di zero* (6ª ed.).

378 Ben Jelloun, *Lo scrivano* (3ª ed.).
379 Hugo, *Notre-Dame de Paris* (5ª ed.).
380 Bardo Thödol, *Libro dei morti tibetano* (2ª ed.).
381 Mancinelli, *I tre cavalieri del Graal* (4ª ed.).
382 Roberto Benigni, *E l'alluce fu* (Stile libero) (7ª ed.).
383 Gibson, Ferret, Cadigan, Di Filippo, Sterling, Swanwick, Rucker e altri, *Cuori elettrici. Antologia essenziale del cyberpunk* (Stile libero).
384 Cortázar, *Bestiario* (2ª ed.).
385 Frame, *Un angelo alla mia tavola* (5ª ed.).
386 L. Romano, *Le parole tra noi leggere* (4ª ed.).
387 Fenoglio, *La paga del sabato* (2ª ed.).
388 Maupassant, *Racconti di vita parigina* (2ª ed.).
389 AA.VV., *Fantasmi di Terra, Aria, Fuoco e Acqua*. A cura di Malcolm Skey.
390 Queneau, *Pierrot amico mio*.
391 Magris, *Il mito absburgico* (3ª ed.).
392 Briggs, *Fiabe popolari inglesi*.
393 Bulgakov, *Il Maestro e Margherita* (6ª ed.).
394 A. Gobetti, *Diario partigiano*.
395 De Felice, *Mussolini l'alleato 1940-43*
I. *Dalla guerra «breve» alla guerra lunga*.
396 De Felice, *Mussolini l'alleato 1940-43*
II. *Crisi e agonia del regime*.
397 James, *Racconti italiani*.
398 Lane, *I mercanti di Venezia* (2ª ed.).
399 McEwan, *Primo amore, ultimi riti. Fra le lenzuola e altri racconti* (3ª ed.).
400 AA.VV., *Gioventú cannibale* (Stile libero) (6ª ed.).
401 Verga, *I Malavoglia*.
402 O'Connor, *I veri credenti* (Stile libero) (4ª ed.).
403 Mutis, La *Neve dell'Ammiraglio* (2ª ed.).
404 De Carlo, *Treno di panna* (6ª ed.).
405 Mutis, *Ilona arriva con la pioggia* (2ª ed.).
406 Rigoni Stern, *Arboreto salvatico* (3ª ed.).
407 Poe, *I racconti*. Vol. I (Serie Scrittori tradotti da scrittori).
408 Poe, *I racconti*. Vol. II (Serie Scrittori tradotti da scrittori).
409 Poe, *I racconti*. Vol. III (Serie Scrittori tradotti da scrittori).
410 Pinter, *Teatro*. Vol. II (2ª ed.).
411 Grahame, *Il vento nei salici*.
412 Ghosh, *Le linee d'ombra*.
413 Vojnovič, *Vita e straordinarie avventure del soldato Ivan Čonkin*.
414 Cerami, *La lepre*.
415 Cantarella, *I monaci di Cluny* (3ª ed.).
416 Auster, *Moon Palace* (3ª ed.).
417 Antelme, *La specie umana*.
418 Yehoshua, *Cinque stagioni* (3ª ed.).
419 Mutis, *Un bel morir*.
420 Fenoglio, *La malora* (4ª ed.).
421 Gawronski, *Guida al volontariato* (Stile libero).
422 Banks, *La legge di Bone*.
423 Kafka, *Punizioni* (Serie bilingue).
424 Melville, *Benito Cereno* (Serie bilingue).
425 P. Levi, *La tregua* (8ª ed.).
426 Revelli, *Il mondo dei vinti*.
427 AA.VV., *Saggezza stellare* (Stile libero).
428 McEwan, *Cortesie per gli ospiti* (4ª ed.).
429 Grasso, *Il bastardo di Mautàna*.
430 Soriano, *Pensare con i piedi* (3ª ed.).
431 Ben Jelloun, *Le pareti della solitudine*.
432 Albertino, *Benissimo!* (Stile libero).
433 *Il libro delle preghiere* (4ª ed.).
434 Malamud, *Uomo di Kiev*.
435 Saramago, *La zattera di pietra* (4ª ed.).
436 N. Ginzburg, *La città e la casa* (2ª ed.).
437 De Carlo, *Uccelli da gabbia e da voliera* (6ª ed.).
438 Cooper, *Frisk* (Stile libero) (3ª ed.).
439 Barnes, *Una storia del mondo in 10 capitoli e ½* (2ª ed.).
440 Mo Yan, *Sorgo rosso*.
441 Catullo, *Le poesie*.
442 Rigoni Stern, *Le stagioni di Giacomo* (2ª ed.).

443 Mancinelli, *I casi del capitano Flores. Il mistero della sedia a rotelle* (2ª ed.).

444 Ammaniti, *Branchie* (Stile libero) (5ª ed.).

445 Lodoli, *Diario di un millennio che fugge*.

446 McCarthy, *Oltre il confine* (3ª ed.).

447 Gardiner, *La civiltà egizia* (2ª ed.).

448 Voltaire, *Zadig* (Serie bilingue).

449 Poe, *The Fall of the House of Usher and other Tales* (Serie bilingue).

450 Arena, Decaro, Troisi, *La smorfia* (Stile libero).

451 Rosselli, *Socialismo liberale*.

452 Byatt, *Tre storie fantastiche*.

453 Dostoevskij, *L'adolescente*.

454 Carver, *Il mestiere di scrivere* (Stile libero) (4ª ed.).

455 Ellis, *Le regole dell'attrazione* (2ª ed.).

456 Loy, *La bicicletta*.

457 Lucarelli, *Almost Blue* (Stile libero) (8ª ed.).

458 Pavese, *Il diavolo sulle colline* (2ª ed.).

459 Hume, *Dialoghi sulla religione naturale*.

460 *Le mille e una notte*. Edizione a cura di Francesco Gabrieli (4 volumi in cofanetto).

461 Arguedas, *I fiumi profondi*.

462 Queneau, *La domenica della vita*.

463 Leonzio, *Il volo magico*.

464 Pazienza, *Paz* (Stile libero) (5ª ed.).

465 Musil, *L'uomo senza qualità* (2 v.) (3ª ed.).

466 Dick, *Cronache del dopobomba* (Vertigo).

467 Royle, *Smembramenti* (Vertigo).

468 Skipp-Spector, *In fondo al tunnel* (Vertigo).

469 McDonald, *Forbici vince carta vince pietra* (Vertigo).

470 Maupassant, *Racconti di vita militare*.

471 P. Levi, *La ricerca delle radici*.

472 Davidson, *La civiltà africana*.

473 Duras, *Il pomeriggio del signor Andesmas. Alle dieci e mezzo di sera, d'estate*.

474 Vargas Llosa, *La Casa Verde*.

475 Grass, *La Ratta*.

476 Yu Hua, *Torture* (Stile libero).

477 Vinci, *Dei bambini non si sa niente* (Stile libero) (5ª ed.).

478 Bobbio, *L'età dei diritti*.

479 Cortázar, *Storie di cronopios e di famas*.

480 Revelli, *Il disperso di Marburg*.

481 Faulkner, *L'urlo e il furore*.

482 McCoy, *Un bacio e addio* (Vertigo).

483 Cerami, *Fattacci* (Stile libero).

484 Dickens, *Da leggersi all'imbrunire* (2ª ed.).

485 Auster, *L'invenzione della solitudine* (3ª ed.).

486 Nove, *Puerto Plata Market* (Stile libero) (3ª ed.).

487 Fo, *Mistero buffo* (Stile libero) (3ª ed.).

488 Höss, *Comandante ad Auschwitz* (3ª ed.).

489 Amado, *Terre del finimondo* (2ª ed.).

490 Benigni-Cerami, *La vita è bella* (Stile libero) (3ª ed.).

491 *Lunario dei giorni di quiete*. A cura di Guido Davico Bonino (4ª ed.).

492 Fo, *Manuale minimo dell'attore* (Stile libero).

493 O'Connor, *Cowboys & Indians* (Stile libero).

494 *L'agenda di Mr Bean* (Stile libero).

495 P. Levi, *L'altrui mestiere*.

496 Manchette, *Posizione di tiro* (Vertigo).

497 Rucher, *Su e giú per lo spazio* (Vertigo).

498 Vargas Llosa, *La città e i cani*.

499 Zoderer, *L'«italiana»*.

500 Pavese, *Le poesie* (2ª ed.).

501 Goethe, *I dolori del giovane Werther*.

502 Yehoshua, *Un divorzio tardivo* (4ª ed.).

503 Vassalli, *Cuore di pietra*.

504 Lucarelli, *Il giorno del lupo* (Stile libero) (4ª ed.).

505 *Quel che ho da dirvi. Autoritratto delle ragazze e dei ragazzi italiani*. A cura di Caliceti e Mozzi (Stile libero).

506 Dickens, *Grandi speranze*.
507 Boncinelli, *I nostri geni*.
508 Brecht, *I capolavori* (2 volumi).
509 Mancinelli, *I casi del capitano Flores. Killer presunto*.
510 Auster, *Trilogia di New York* (5ª ed.).
511 Saramago, *Cecità* (5ª ed.).
512 Dumas, *I tre moschettieri*.
513 Borges, *Elogio dell'ombra*.
514 Womak, *Futuro zero* (Vertigo).
515 Landsale, *La notte del drive-in* (Vertigo).
516 Fo, *Marino libero! Marino è innocente* (Stile libero).
517 Rigoni Stern, *Uomini, boschi e api* (3ª ed.).
518 Acitelli, *La solitudine dell'ala destra* (Stile libero).
519 Merini, *Fiore di poesia* (3ª ed.).
520 Borges, *Manuale di zoologia fantastica*.
521 Neruda, *Confesso che ho vissuto* (2ª ed.).
522 Stein, *La civiltà tibetana* (2ª ed.).
523 Albanese, Santin, Serra, Solari, *Giú al Nord* (Stile libero).
524 Ovidio, *Versi e precetti d'amore*.
525 Amado, *Cacao* (2ª ed.).
526 Queneau, *Troppo buoni con le donne*.
527 Pisón, *Strade secondarie* (Stile libero).
528 Maupassant, *Racconti di provincia*.
529 Pavese, *La bella estate* (4ª ed.).
530 Ben Jelloun, *Lo specchio delle falene*.
531 Stancanelli, *Benzina* (Stile libero) (2ª ed.).
532 Ellin, *Specchio delle mie brame* (Vertigo).
533 Marx, *Manifesto del Partito Comunista* (3ª ed.).
534 Del Giudice, *Atlante occidentale*.
535 Soriano, *Fútbol* (4ª ed.).
536 De Beauvoir, *A conti fatti*.
537 Vargas Llosa, *Lettere a un aspirante romanziere* (Stile libero).
538 aa.vv., *Schermi dell'incubo* (Vertigo).
539 Nove, *Superwoobinda* (Stile libero) (2ª ed.).
540 Revelli, *L'anello forte*.
541 Lermontov, *L'eroe del nostro tempo* (Serie bilingue).
542 Behn, *Oroonoko* (Serie bilingue).
543 McCarthy, *Meridiano di sangue*.
544 Proust, *La strada di Swann*.
545 Vassalli, *L'oro del mondo*.
546 Defoe, *Robinson Crusoe* (2ª ed.).
547 Madieri, *Verde acqua. La radura*.
548 Amis, *Treno di notte*.
549 Magnus, *Lo sconosciuto* (Stile libero) (2ª ed.).
550 aa.vv., *Acidi scozzesi* (Stile libero).
551 Romano, *Tetto murato*.
552 Frank, *Diario*. Edizione integrale. (4ª ed.).
553 Pavese, *Tra donne sole* (2ª ed.).
554 Banks, *Il dolce domani*.
555 Roncaglia, *Il jazz e il suo mondo*.
556 Turgenev, *Padri e figli*.
557 Mollica, *Romanzetto esci dal mio petto*.
558 Metraux, *Gli Inca*.
559 *Zohar. Il libro dello splendore*.
560 Auster, *Mr Vertigo*.
561 De Felice, *Mussolini l'alleato 1943-45*.
II. *La guerra civile*.
562 Robbe-Grillet, *La gelosia*.
563 Metter, *Ritratto di un secolo*.
564 Vargas Llosa, *Conversazione nella «Catedral»*.
565 Wallace, *La ragazza con i capelli strani* (Stile libero) (3ª ed.).
566 Enzensberger, *Il mago dei numeri* (4ª ed.).
567 Roth, *Operazione Shylock*.
568 Barnes, *Amore, ecc*.
569 Zolla, *Il dio dell'ebbrezza* (Stile libero).
570 Evangelisti, *Metallo urlante* (Vertigo).
571 Manchette, *Fatale* (Vertigo).
572 De Filippo, *Cantata dei giorni pari*.

573 *Sfiga all'OK-Corral*. A cura di Stefano Bartezzaghi (Stile libero) (2ª ed.).

574 *Spettri da ridere*. A cura di Malcolm Skey.

575 Yehoshua, *Ritorno dall'India* (3ª ed.).

576 *Lunario dei giorni d'amore*. A cura di Guido Davico Bonino (2ª ed.).

577 Ricci, *Striscia la tivú* (Stile libero).

578 Ginzburg, *Le piccole virtú* (3ª ed.).

579 Hugo, *I miserabili* (2 volumi).

580 *I fioretti di san Francesco*.

581 Ovadia, *L'ebreo che ride* (Stile libero) (5ª ed.).

582 Pirro, *Soltanto un nome sui titoli di testa*.

583 Labranca, *Cialtron Hescon* (Stile libero).

584 Burton, *La morte malinconica del bambino ostrica e altre storie* (Stile libero) (3ª ed.).

585 Dickens, *Tempi difficili*.

586 *Letteratura e poesia dell'antico Egitto*. A cura di Edda Bresciani.

587 Mancinelli, *I casi del capitano Flores. Persecuzione infernale*.

588 Vinci, *In tutti i sensi come l'amore* (Stile libero) (3ª ed.).

589 Baudelaire, *I fiori del male e altre poesie* (Poesia) (2ª ed.).

590 Vacca, *Consigli a un giovane manager* (Stile libero).

591 Amado, *Sudore*.

592 Desai, *Notte e nebbia a Bombay*.

593 Fortunato, *Amore, romanzi e altre scoperte*.

594 Mattotti e Piersanti, *Stigmate* (Stile libero).

595 Keown, *Buddhismo*.

596 Solomon, *Ebraismo*.

597 Blissett, *Q* (Stile libero) (4ª ed.).

598 Solženicyn, *Una giornata di Ivan Denisovič. La casa di Matrjona. Alla stazione*.

599 Conrad, *Vittoria*.

600 Pavese, *Dialoghi con Leucò* (2ª ed.).

601 Mozzi, *Fantasmi e fughe* (Stile libero).

602 Hilberg, *La distruzione degli Ebrei d'Europa*. Nuova edizione riveduta e ampliata (2 voll.).

603 Fois, *Ferro recente*.

604 Borges-Casares, *Cronache di Bustos Domecq*.

605 Nora K. - Hösle, *Aristotele e il dinosauro. La filosofia spiegata a una ragazzina* (Stile libero) (2ª ed.).

606 Merini, *Favole Orazioni Salmi*.

607 Lane Fox, *Alessandro Magno* (2ª ed.).

608 Stuart, *Zona di guerra* (Stile libero).

609 Márquez, *Cronaca di una morte annunciata*.

610 Hemingway, *I quarantanove racconti*.

611 Dostoesvkij, *Il giocatore*.

612 Zaimoglu, *Schiuma* (Stile libero).

613 DeLillo, *Rumore bianco* (2ª ed.).

614 Dick, *In terra ostile* (Vertigo).

615 Lucarelli, *Mistero blu* (Stile libero) (2ª ed.).

616 Nesse-Williams, *Perché ci ammaliamo* (Grandi Tascabili).

617 Lavie, *Il meraviglioso mondo del sonno* (Grandi Tascabili).

618 Naouri, *Le figlie e le loro madri* (Grandi Tascabili).

619 Boccadoro, *Musica Cœlestis* (Stile libero con CD).

620 Bevilacqua, *Beat & Be bop* (Stile libero con CD).

621 Hrabal, *Una solitudine troppo rumorosa* (2ª ed.).

622 McEwan, *L'amore fatale* (4ª ed.).

623 James, *Daisy Miller* (Serie bilingue).

624 Conrad, *Cuore di tenebra* (Serie bilingue).

625 Marìas, *Un cuore cosí bianco* (2ª ed.).

626 Burgess, *Trilogia malese*.

627 Saramago, *Viaggio in Portogallo* (3ª ed.).
628 Romano, *Inseparabile*.
629 Ginzburg, *Lessico famigliare* (2ª ed.).
630 Bassani, *Il giardino dei Finzi-Contini* (2ª ed.).
631 Auster, *Mr Vertigo* (3ª ed.).
632 Brautigan, *102 racconti zen* (Stile libero) (2ª ed.).
633 Goethe, *Cento poesie* (Poesia).
634 McCarthy, *Il buio fuori*.
635 Despentes, *Scopami* (Stile libero).
636 Denti, *Lasciamoli leggere*.
637 *Passione fatale*. A cura di Guido Davico Bonino (2ª ed.).
638 Roth, *Il teatro di Sabbath*.
639 Battisti, *L'orma rossa* (Vertigo).
640 Moncure March e Spiegelman, *The Wild Party* (Stile libero).
641 Šalamov, *Racconti* (2 voll.).
642 Beauvoir (de), *Una donna spezzata* (2ª ed.).
643 San Paolo, *Le lettere*.
644 Rigoni Stern, *Sentieri sotto la neve*.
645 Borges, *Evaristo Carriego*.
646 D'Arzo, *Casa d'altri e altri racconti*.
647 Grass, *Il Rombo*.
648 Raphael, *Eyes Wide Open* (Stile libero).
649 aa.vv., *Sepolto vivo*.
650 Benigni-Cerami, *La vita è bella* (Stile libero con videocassetta).
651 Odifreddi, *Il Vangelo secondo la Scienza* (5ª ed.).
652 Ruthven, *Islām*.
653 Knott, *Induismo*.
654 De Carlo, *Due di due* (3ª ed.).
655 Bunker, *Cane mangia cane* (Stile libero).
656 Olievenstein, *Nascita della vecchiaia* (Grandi Tascabili).
657 Thomas, *Ritratto dell'artista da cucciolo*.
658 Beckett, *Le poesie* (Poesia).
659 Paolini - Ponte Di Pino, *Quaderno del Vajont* (Stile libero con videocassetta) (5ª ed.).
660 Magris, *L'anello di Clarisse*.
661 Stendhal, *Armance*.
662 Albanese, *Giú al Nord* (Stile libero con videocassetta).
663 Lodoli, *Fuori dal cinema*.
664 Melville, *Clarel*.
665 Englander, *Per alleviare insopportabili impulsi* (3ª ed.).
666 Richardson, *Che cos'è l'intelligenza* (Grandi Tascabili).
667 Wieviorka, *Auschwitz spiegato a mia figlia* (3ª ed.).
668 *Lunario di fine millennio*. A cura di Guido Davico Bonino.
669 Amado, *I padroni della terra*.
670 *Poesie di Dio*. A cura di Enzo Bianchi (2ª ed.).
671 Wall, *Perché proviamo dolore* (Grandi Tascabili).
672 Le Goff, *San Luigi*.
673 *Mistica ebraica*. A cura di Giulio Busi ed Elena Loewenthal.
674 Byatt, *La Torre di Babele*.
675 *I libri della Bibbia*. *Esodo*.
676 *I libri della Bibbia*. *Vangelo secondo Luca*.
677 *I libri della Bibbia*. *Cantico dei Cantici*.
678 Grossman, *Vedi alla voce: amore*.
679 Lennon, *Vero amore* (Stile libero).
680 *Antologia della poesia italiana*. *Duecento*. Diretta da C. Segre e C. Ossola.
681 *Antologia della poesia italiana*. *Trecento*. Diretta da C. Segre e C. Ossola
682 Cerami-Piovani, *Canti di scena* (Stile libero con CD).
683 De Simone, *La gatta Cenerentola* (Stile libero con videocassetta) (2ª ed.).
684 Fo, *Lu Santo Jullare Françesco*. A cura di Franca Rame (Stile libero con videocassetta) (2ª ed.).
685 De André, *Parole e canzoni* (Stile libero con videocassetta).
686 Garboli, *Trenta poesie famigliari di Giovanni Pascoli*.

687 Yehoshua, *Viaggio alla fine del millennio*.

688 Fortunato, *L'arte di perdere peso*.

689 Estep, *Diario di un'idiota emotiva* (Stile libero).

690 Mollica, *Fellini. Parole e disegni* (Stile libero).

691 Gras-Rouillard-Teixidor, *L'universo fenicio*.

692 Marías, *Domani nella battaglia pensa a me*.

693 Hirigoyen, *Molestie morali* (Grandi Tascabili).

694 De Cataldo, *Teneri assassini* (Stile libero).

695 Blisset, *Totò, Peppino e la guerra psichica. Mind invaders* (Stile libero).

696 Wilde, *Il ritratto di Dorian Gray*.

697 Cantoni-Ovadia, *Ballata di fine millennio* (Stile libero con CD).

698 Desai, *In custodia*.

699 Fenoglio, *Un giorno di fuoco*.

700 Muhammad Ali, *Quando eravamo re* (Stile libero con videocassetta).

701 *Il libro di David Rubinowicz*.

702 *I libri della Bibbia. Genesi*.

703 *I libri della Bibbia. Lettera ai romani*.

704 Nori, *Bassotuba non c'è* (Stile libero).

705 Almodóvar, *Tutto su mia madre* (Stile libero).

706 Vassalli, *3012. L'anno del profeta*.

707 Svevo, *Una vita*.

708 McEwan, *Amsterdam*.

709 Lobo Antunes, *In culo al mondo*.

710 *Io, Pierre Rivière*. A cura di Michel Foucault.

711 Wallace, *Brevi interviste con uomini schifosi* (Stile libero).

712 Lussu, *Un anno sull'Altipiano* (2ª ed.).

713 Keshavjee, *Il Re, il Saggio e il Buffone*.

714 Scarpa, *Cos'è questo fracasso* (Stile libero).

715 Roth, *Lamento di Portnoy*.

716 Pavese, *Il mestiere di vivere*.

717 Maupassant, *Boule de suif* (Serie bilingue).

718 Rea, *L'ultima lezione*.

719 Pacoda, *Hip Hop italiano* (Stile libero con CD).

720 Eldredge, *La vita in bilico* (Grandi Tascabili).

721 Ragazzoni, *Buchi nella sabbia e pagine invisibili. Poesie e prose*.

722 Beccaria, *I nomi del mondo*.

723 Onofri, *Registro di classe* (Stile libero).

724 Blisset, *Q* (Stile libero). Nuova edizione.

725 Kristof, *Trilogia della città di K.*

726 Lucarelli, *Guernica* (Stile libero).

727 Manchette, *Nada* (Stile libero).

728 Coetzee, *Aspettando i barbari*.

729 Clausewitz, *Della guerra*.

730 Boncinelli, *Le forme della vita* (Grandi Tascabili).

731 Del Giudice, *Staccando l'ombra da terra*.

732 *I libri della Bibbia. Vangelo secondo Matteo*.

733 *I libri della Bibbia. Qohélet o l'Ecclesiaste*.

734 Bevilacqua, *La polvere sull'erba*.

735 Nietzsche, *Le poesie*.

736 Rigoni, *Notturno bus* (Stile libero).

737 Adinolfi, *Mondo exotico* (Stile libero).

738 De Carlo, *Macno*.

739 Landi, *Manuale per l'allevamento del piccolo consumatore* (Stile libero).

740 Fois, *Meglio morti*.

741 Angot, *L'incesto* (Stile libero).

742 Pavese, *Il mestiere di vivere*.

743 DeLillo, *Underwold*.

744 Orengo, *Spiaggia, sdraio e solleone* (Stile libero).

745 Rogers, *Sesso e cervello* (Grandi Tascabili).

746 Pavese, *La luna e i falò*.

747 Salgari, *Il corsaro nero*.

748 Maraini, *La vacanza*.

749 Thiess, *Tsushima*.

750 Mancinelli, *Attentato alla Sindone*.

751 Blady-Roversi, *Turisti per caso* (Stile libero).

752 *Antologia della poesia italiana. Quattrocento*. Diretta da Cesare Segre e Carlo Ossola.

753 Miller, *Slob* (Stile libero).

754 Gončarov, *Oblomov*.

Enrico Testa

Montale

EINAUDI TASCABILI